Resolve

Hal Movius

冲突对话

[美] 哈尔·莫维乌斯——著
汪瞻 陈宇然——译

CNS 湖南人民出版社·长沙

图书在版编目（CIP）数据

冲突对话 / （美）哈尔·莫维乌斯（Hal Movius）；汪瞻，陈宇然译. —长沙：湖南人民出版社，2023.5
ISBN 978-7-5561-3079-5

Ⅰ. ①冲… Ⅱ. ①哈… ②汪… ③陈… Ⅲ. ①人际关系—通俗读物 Ⅳ. ①C912.11-49

中国版本图书馆CIP数据核字（2022）第249354号

冲突对话
CHONGTU DUIHUA

著　　者：［美］哈尔·莫维乌斯
译　　者：汪　瞻　陈宇然
出版统筹：陈　实
监　　制：傅钦伟
责任编辑：田　野　张倩倩
责任校对：周　飏
装帧设计：饶博文

出版发行：湖南人民出版社［http://www.hnppp.com］
地　　址：长沙市营盘东路3号　邮　编：410005　电　话：0731-82683357

印　　刷：长沙新湘诚印刷有限公司
版　　次：2023年5月第1版　印　次：2023年5月第1次印刷
开　　本：880 mm × 1230 mm　1/32　印　张：9
字　　数：120千字
书　　号：ISBN 978-7-5561-3079-5
定　　价：58.00元

营销电话：0731-82221529（如发现印装质量问题请与出版社调换）

太有用了，它不是仅仅写给商业人士的书，而是一本写给你和我的书。

——达尔·威廉斯

音乐家、作家

我们所有人在面对冲突和谈判时都会因更自信而获益。这就是本书如此富有洞察力和发人深省的原因。莫维乌斯帮助过很多人，以及很多大型跨国公司以更聪明、更有效的方式处理分歧。这本书展示了可供我们使用的工具和技巧。

——亚历山大·格林

《走向财务自由的投资组合》作者

在本书中，莫维乌斯为我们提供了生动形象的实践指导，教我们如何应对最具压力的人际关系。那些强大而有效的观点应该被更多人听到。

——莎拉·拉斯金

美国财政部前副部长

莫维乌斯出色地将心理学中提高信心水平的方法与谈判相结合。即使是最不情愿和最胆怯的谈判者也会从他的建议和指导中受益。

——劳伦斯·萨斯坎德

哈佛法学院谈判项目副主席

赞　誉

强烈推荐给任何想要以最勇敢最出色的姿态直面冲突或谈判的人。

——埃米·卡迪

《高能量姿势》作者

本书包括自信解决冲突的精彩故事、深刻见解和明智建议，它将改变你的生活。

——提摩西·威尔逊

《最熟悉的陌生人》作者

一本有用的指南，以谈判的方式处理生活中难解的冲突。

——约翰·戈特曼

《幸福的婚姻》作者

本书扣人心弦，让人读起来沉浸其中。其中内容包含关于成为一名全面而优秀的谈判者的建议，并穿插着家中常见的现实生活小插曲。

——苏珊·西尔伯曼

生命科学高管

本书点明了信心在谈判中的重要作用，会让你对这个过程产生一种非常新颖的看法。莫维乌斯探讨了常见的行为陷阱、心理雷区和棘手状况，即使是最有经验的谈判者也会受这些问题困扰。对于需要谈判的每个人来说，这都是一本有趣且内容丰富的读物。

——弗朗西丝卡·吉诺

哈佛商学院教授

在与莫维乌斯合作全球项目的过程中，我目睹了本书中的实用见解如何帮助高级管理人员更有效地进行谈判交易与解决争议。

——古汉·苏布拉马尼安

哈佛法学院和商学院教授

对于任何在全球范围内需要就种族、性别和文化差异进行谈判的人来说，本书都是一种有见地且必不可少的资源。

——马丁·戴维森

达顿商学院教授、《多样性的末日》作者

在这本充满智慧的书中，莫维乌斯展示了真正的自信是如何在掌控、觉察和沉着的充分融合中产生的——这些都可以通过真诚的反思和勤奋的练习来培养。简而言之，要表现得最好，我们就必须有最好的状态。通过热心且有趣的指导，莫维乌斯向我们展示了如何达到这种状态。

——迈克尔·惠勒

哈佛商学院教授、《谈判的艺术》作者

译者序

提到冲突，你的第一印象会是什么呢?

或许是受到影视剧或新闻频道的影响，人们往往认为冲突是大国在外交上的博弈，或者是精英在职场里的明争暗斗。诚然，这些都是冲突的表现形式。但实际上“冲突”这两个字，似乎并非我们以为的那样简单，也并非想象中那般遥远——大国之间，小家之内，随时都可以看到冲突的身影。

很多时候，我们可能还未反应过来，就已经被推上了需要直面冲突的风口浪尖。甚至有时候等冲突结束，我们才意识到自己刚刚完成了一场冲突中的对话。回忆一下，职场中的你是否曾使出浑身解数，四处斡旋，只为让项目能够顺利推进；你是否曾站在商场里，为了打九折还是打八八折跟店员据理力争；你是否曾跟伴侣或孩子斗智斗勇，只是为了让家庭和睦……其实，不知不觉之间，我们早已经历了成千上万次冲突对话。

本书将围绕冲突对话的核心问题展开深度的探索。根据现有的心理学研究、过往的应用经验，这本书可以帮助我们实现以下几个目标：

〇探寻冲突背后的真正原因。

〇用更有效率的谈判代替无效的争吵。

〇学习有效对话经验，不断成长。

〇改善人际关系，在家庭、职场的冲突中游刃有余。

本书融合了哈佛大学商学院谈判项目的课程精华，以及大量的日常生活案例。作者哈尔·莫维乌斯博士在1000多项心理学研究的基础上提炼了3项核心技能，即掌控、觉察和沉着，以便我们能够应对冲突，开展对话。作者还在书中通过大量的案例详解在不同场景中该如何运用这些技能，为的是帮助我们学会积极应对冲突。

如果你也曾为各种冲突而苦恼，或因为对话技能不够纯熟而沮丧，那么本书是你的不二之选。作为心理学者，在翻译的过程中，我们还发现本书将心理学中关于提升自信、保持理性的前沿理论具象化为许多行之有效的方法，各位读者可以因此收获更多。

希望本书中文版的问世，能够让更多人在冲突中不再选择逃避，而是能够运用科学有效的心理学方法进行积极对话。

预祝每一位打开本书的读者都能学会有效地沟通与谈判，关上冲突矛盾的纠结之窗，开启人际交往的幸福之门。

汪瞻、陈宇然

2022 年夏于香港中文大学

目 录

引　言

你喜欢解谜吗？你会被一个精妙的谜题所吸引吗？

我和我的妻子看了很多犯罪片，多到我已经没办法一一列举它们了。对于英剧，我们更喜欢那些有细节和接近现实的剧目，我们打心眼里容易被英剧所吸引，因为这些连续剧十分逼真、十分写实。而对于澳大利亚、美国、加拿大和瑞典的剧，我们就不那么挑剔了。只要剧情足够精彩，演员演技足够精湛，且没有那么多暴力元素，我们就可以乐在其中。

你可能会觉得很奇怪，为什么我会以此为开头来介绍一本关于如何自信解决冲突的书。我创作这本书的初衷是我希望破解一个谜题，寻找一个可以让我从一连串错综复杂的线索中解脱出来的谜底。就像悬疑剧里的侦探那样，我想要找到答案，因为我觉得这些答案或许可以给许多人带来宽慰和益处。

我之所以研究冲突调解这个课题，是因为这似乎是一个可以有效地为社会做出贡献的途径。毕竟，从战场到职场，再到家庭生活，冲突无处不在。我从小就生活在多种政治观念和宗教理念交错的家庭中，而作为家里的和事佬，我觉得自己特别适合这个领域。也许因为我天性焦虑，我发现自己很容易做一个倾听者。这个习惯让我有更多时间和我暗恋的女孩待在一起，但我不得不听对方谈论自己暗恋的对象。

不管怎样，我做了很多自己想做的事情，比如搭便车环游世界，在摇滚乐队演奏。在此之后，我很幸运地找到了一份工作，那就是协助一群才华横溢的调解人处理冲突，这些冲突发生在公共机构、公司、科学家、愤怒的民众和咄咄逼人的律师团队之间。

这份工作让我可以近距离接触冲突，让我知道个人冲突可以有多么激烈，以及一个熟练资深的调解人能发挥多大的作用。调解人需要了解，对于不同天性的人来说，什么才是真正重要的东西。因此，我进入了研究生院深造。我不仅学习了关于谈判的知识和技能，还学习了生理学、人格和意识形态之间的关系。

我还接受了心理学方面的临床培训，花了几年时间学习如何为个人和家庭提供心理治疗。但是，心理学家自己也卷入了一场巨大的争论，即哪些心理疗法更有效，哪些疗法可能没那么有效。我所认识的老师都认为，没有一种确定的心理疗法可以回答所有的问题。

在我获得了博士学位并完成了临床培训之后，我开始培训领导者和各种组织，以便他们更有效地沟通和谈判。一开始，仅仅收到一份写着高分和好评的书面评价，就足以让我兴奋不已。但过了一段时间后，我就开始好奇：这次培训真的有效吗？人们是否因为课堂的内容而改变了自己的行为？在劳伦斯·萨斯坎德和哈佛法学院的谈判项目的支持下，我花了一年的时间研究并撰写了关于谈判培训有效性的内容。接着，劳伦斯和我越来越好奇，阻碍人们改变的因素到底是什么？于是我们合著了一本叫《谈判长赢》的书，它探讨的是企业调动员工开展良性谈判的助力与阻力。

让我们再次回到谜题本身。

在过去的十几年里，我一直专注于帮助人们改变无效的谈判行为。从数百次机密采访中，我了解到，即使对于以谈判为生的销售人员或者采购团队中的高管而言，谈判仍颇具风险与压力。即使“双赢”一词已经流行了几十年，但大多数人还是觉得很难将其学以致用，他们无法将谈判培训课程中那些有建设性和针对性的方法应用于实践。

为什么会这样呢?

我的客户和学生最常提到的答案是自信。要是我在面对谈判高手的时候不要犯怵就好了，要是我有勇气面对那个烦人的同事就好了，要是我在实际谈判时能跟准备的时候一样自信就好了，要是我能像上周谈生意那样跟我的妹妹，或者伴侣，或者孩子们谈判就好了!

客户的真实反馈让我开始进行自我反思。如果我在白天进行的高风险谈判中游刃有余，那么在我跟孩子们争论洗澡时间时，为什么我会从善良的杰柯尔博士变成邪恶的海德先生呢?为什么在面对某些人或事时，我也会深感压力呢?为什么我不能总在特别紧张的时候，用自己所掌握的知识和策略完美地解决问题呢?

我写信给学术界的同事：“是否有研究可以解释自信如何影响谈判？我们可以教别人自信吗？我们应该教别人自信吗？”有些人在深思熟虑之后给出了回应。他们提到了大量关于认知偏差和认知局限如何加剧和激化冲突的研究。他们提出，如果非要说有什么不同的话，教人们变得更自信很可能只会让事情变得更糟！还有一些人认为，虽然我们知道人们在冲突中会犯哪些心理错误，但是光知道这一点还不足以让我们真正且全面地了解自信。至此，我们的谜题才真正显露出了一些端倪，并且聚焦于 3 个问题：

1. 在解决冲突和进行谈判时，保持“自信”意味着什么？

2. 自信究竟是帮助了我们还是阻碍了我们？

3. 自信可以通过学习获得吗？如果答案是肯定的，那么我们又该如何学习？

在这本书中，我将尝试破解这个谜题，并回答这些问题（剧透警告：自信确实有帮助，而且是可以学习的）。我花了两年时间回顾了1000多项研究，并将这些发现转化为可操作的建议。

即使你是一个非常有能力或很成功的人，你也很有可能想要逃避冲突或快速解决冲突。即使你以谈判为生，或者上过有关谈判的课程，甚至教过别人，你也很有可能会发现，自己很难在不抓狂的情况下在谈判桌上把新的想法和意图付诸实践。我会解释为什么会这样，以及你能做些什么。

在第1章，我将解释为什么冲突会让人感受到危机，我们通常会如何处理它，以及为什么谈判通常是解决这个问题最有力的方法。在第2章，我将通过40年的研究来阐述，是什么铸就了一个优秀乃至卓越的谈判者。我还将向你展示如何将冲突转化为一个谈判的机会，这是在很多关键时刻让人感到最为艰难的一步。

在第3章、第4章和第5章，我将说明如何才能培养出掌控、觉察和沉着这3种不同类型的自信，它们可以改变你在面对冲突和处理冲突时的行为、想法和感受。

在第6章、第7章和第8章，我将帮助你运用人们对自信的全新理解来处理3种特殊情况：应对强势人物的策略，如何在重要关系中进行谈判，以及如何代表他人进行谈判。

仅仅读一本书既不能保证你在6个月后变成谈判专家，也不能保证你在未来谈判时压力骤减并取得更好的结果。如果你想成为一个更自信的谈判者，那么你就需要接触新的见解。但与任何复杂的活动一样，成功都需要实践。因此，第9章讲的是你该如何进行实践。在附录中，本书提供了可以帮助你理解自己的倾向的工具，并说明了你可以如何使用在这里学到的内容来应对自己的挑战。

我自己也很清楚，我们有多么容易因为谈判而困扰，我们在面对难相处的人或难解决的行为时会变得多么愤怒、多么焦虑，以及当我们与亲密的朋友或家人发生冲突时会变得多么可怕。

这突然让我想起了一个老掉牙的笑话：

一个人去看精神科医生，他说："医生，我哥哥疯了，他认为自己是一只母鸡。"

医生说："一只母鸡？他出现这种情况多久了？"

"6个月。"

"真的吗？你为什么不早点带他来呢？"

"我会带他来的，但我们需要鸡蛋。"

我们确实需要“鸡蛋”：因为我们的生活中少不了他人的参与。

人际关系至关重要，它不仅影响着我们的健康和幸福，还影响着我们顺利处理事情的能力。但是面对冲突时，我们并不总是非得要随性表演。

本书旨在为你提供一些理念和工具，从而让你能发挥个人的影响力并在谈判中实践这一点。你可以通过3个关键的方法变得更加自信，从而更有效地处理来自生活和工作中的问题。现在你可能还不太相信，但在我们旅程的最后，我希望能说服你，对于你自己和你的人际关系来说，学会如何更自信地谈判将是一项最有价值的投资。

你准备好了吗?

第 1 章

熔炉与催化剂

矛盾为何难以解决，自信又如何起效

拥有自信，你就赢在了开始之前。

——马库斯·加维

在生活中，我们无法避免冲突的发生。难怪哲学家萨特会说“他人即地狱”。我们身边的人难免会做些烦人的事情，有时候我们也不免会给他们添堵。我们总是和家人、朋友、同事争论，谁的想法好，谁猜得对，某个问题或某种情况应该使用哪种观念和原则。

虽然有时候争论挺有趣，但大部分时候它们还是会让人感到压力。研究显示，在日常生活中，最令人感到糟心的压力就是人际冲突带来的压力。这种压力甚至大过车子半路抛锚、在机场睡一夜、参加又久又热的葬礼时产生的压力。不管是现在还是未来，冲突都会干扰我们的思想和情绪，有时候是几个小时、几天，有时候会更长。我们可以参考下面展示的关于卡伦的案例：

卡伦刚入职的时候，一切都很顺利。一年之后，她还是

很喜欢这家小型创业公司的氛围、同事和工作内容。但是，最近公司出了点状况。由于太多人离职了，公司上个月取消了周五在家办公的政策。上周，她的老板亚历克斯让她搬到了一个小隔间，而公司最爱说话的两个人就在这个隔间旁边。昨天，她还发现一个新员工的工资竟然比她的还高。她对事态的发展尤其是她的工资感到很困扰。她在想是管理层的态度变了，还是他们一直在玩弄她?

“他们一定觉得我很蠢。”下班之后，她很生气地跟她朋友抱怨。

朋友回应她道：“你要捍卫你的权利！告诉他们你必须得到你应有的东西，不然你就会辞职！”

“我不确定自己是不是要这么做，”卡伦心里想，“我不想让别人觉得我咄咄逼人，而且我真的很喜欢这份工作。”她想跟亚历克斯请一个月的假，以便能跟朋友去旅行，毕竟一味抱怨自己的工资和工作环境并没有什么用。但是一想到亚历克斯可能会皱紧眉头责备她，说她自私自利又那么多要求，她就害怕得发抖。

她在社交媒体上发布了“我讨厌谈判！”的内容，然后得到了很多评论和建议。有人回复了她一个大象充电的图片，上面写着“坚强起来”。但也有很多人表示深有同感，他们回复“我也是”以及“糟糕透了”。

现在已经是凌晨3点23分了，卡伦还醒着，她躺在床上不停地想，自己应该说些什么或做些什么。“我希望别人认为我有团队精神，认为我是团队的一员，而不是一个自以为是的傲慢狂。亚历克斯人很好，是一个很好的导师，但是他让我搬到这个小隔间是为什么呢？还有，我应该要怎么去问关于工资的事情呢？我要不要说我知道新来的那个人比我工资高的事情？这似乎会适得其反……我要不要拿离职来威胁他？要不要提出我的要求？”她的大脑充斥着各种各样的想法，它们压得她喘不过气来。

冲突可以让人经历一生中最焦虑的时刻。即使是那些最厉害的人，在解决冲突时他们也没有自以为的那样游刃有余。斯坦福大学商学院的研究者调查了200位美国企业的首席执行官，结果发现，这些首席执行官最希望得到帮助的方面是解决冲突。我调查了来自20多个国家和数百个组织的领导，最后的结果都是一样的：很少有人喜欢谈判。

为什么冲突难以解决？为什么谈判如此艰巨？其中一个原因就是，我们很难意识到谈判中多元的风险与收益。

冲突熔炉

与他人起冲突时，我们通常会处理至少3个不同的问题。

1.实现物质目标。这类目标主要是从某种情境中得到切实的结果，我们希望在保证利益的同时，还能尽可能降低风险。虽然这些目标通常与金钱有关，但它们也包括理想的工作、商品、服务或政策等其他目标。具体来说，这些目标包括：

〇交换，比如购买或销售。

〇获取资源，比如在周四晚上使用汽车。

〇损害赔偿，比如解决索赔事件。

〇共同决定，比如家庭假期怎么度过。

〇解决方案，或者做出决定的过程和方法。

物质目标不过是冰山一角，是可见的讨论对象。但是，接下来要谈到的其他两个目标恰恰隐藏于大多数冲突表面之下，它们更难被关注、被满足。

2.积累社交资本。人类是典型的社会性动物，即使一个人再内向，为了生存发展，他还是需要与他人建立联系。社交资本是指我们从他人身上赢得的信任与好感，这些资本在未来可以被我们加以利用。随着时间的推移，良好的人际关系和声誉不仅有助于我们更有效地实现物质目标，还有助于减少我们的压力和患病率。冲突会让我们深感压力，有一部分原因是它威胁到了我们的社交资本。

3.进行情绪管理。同时追求物质目标和维持社交资本已经够难的了，然而还有第3个挑战随时可能出现：负面情绪。这简直就是个烫手山芋。焦虑、愤怒、内疚、失望……像这样的负面情绪足以破坏我们对物质目标和社交资本的追求。在第5章中我们会提到，有些情绪敏感性较高的人比其他人更容易受到负面情绪的影响。我们处理情绪的方式各不相同，但在面对冲突的时候，有些方法更容易起效。

人与人之间的冲突并不相通（冲突并不总是存在相似

性），在同一情境中，或对于某个人来说，物质目标、社交目标和情感目标并不是同等重要的。但是这3种目标构成了我所说的冲突熔炉。熔炉有两层意思，第一层是指一个容器或一种环境，其中的成分会相互作用。这层意思可以转化为第二层意思，即一个困难的测试或考验。

冲突熔炉是一种隐喻，它暗指当我们处理冲突、潜在冲突或谈判时，所涉及的复杂且有时激烈的动机组合。冲突让我们深感压力，但如果我们能正确地处理冲突，那么我们就能得到一些不同且有益的结果。

谈判可以有效地解决冲突。然而，在处理冲突时通常还有3种常见策略，另外我们有必要了解为什么我们常常使用这些策略，以及为什么这些策略并不总是那么有效。

回避和屈服（让步）

“就不能有一周是正常的吗？”电影《心寒》中的一个角色问道。为了避免冲突，我们可能会努力让所有的事情都变得合理化。我们可能会不那么在乎自己的目标（“我并不太关心这个”）；当关系变得紧张时，我们可能会选择逃避（“好吧，都可以。我可以再去找别人。”）；我们可能不看消息，或者拖到很晚才回复。比起直面他们，我们会更多地在社交媒体上匿名指责他人，或者说别人的闲话。我们可能会拿规则、法律或权威当挡箭牌，并且在嘴上说着：“对不起，我别无选择。”我们可能会装作同意某个决定，然后无视它，或拒绝接受它。

回避有个近亲叫屈服：打不过就加入，并最终同意他们的大部分要求或全部要求。

回避和屈服比你想象中更常见，这听起来似乎有点不可思议。研究表明，当我们即将与一个强有力的人打交道时，我们以为自己也会变得更强。然而，当那一刻真正来临时，我们其实更容易屈服，竞争力会减弱，目标会设置得更低，甚至最后只达到一点就算满足。

心理学家斯坦利·米尔格拉姆和所罗门·阿希曾实施过两项经典研究，结果均表明，人类屈服于他人的频率比我们想象中要高。米尔格拉姆要求作为“教师”的被试在作为“学生”的被试进行学习的过程中犯错时，对“学生”进行短暂的电击（其实没有电击任何人）。尽管这样做让很多人感到痛苦，但还是有三分之二的“教师”服从实验者的指令，对“学生”实施了他们认为程度致命的电击。

阿希则是将被试带入一个小组，让被试以为这是一项关于感知的研究，但其实这个小组的其他被试都跟阿希串通好了。这些负责演戏的被试会提供一个明显错误的答案，而为了避免发生冲突，哪怕真正的被试知道这是错的，他们中的大多数人也会选择与其他成员相同的答案。（但是，当有人提出了与群体大多数成员不同的意见时，真正的被试也会变得更加勇敢。果不其然，拥有社交资本会让人更容易冒险。）

冲突熔炉可以告诉我们，为什么回避和屈服都反映了我们的社交目标和情感目标的潜在推力。我们担心，直言不讳会破坏我们与他人的关系以及他人对我们的看法，或者让我们感到痛苦。因此，我们通常会尽量避免与周围的人尤其是同行或上级发生冲突。我们不想冒险让自己失去社交资本或感觉不舒服。在一些文化环境中，保持家庭和组织的外在和谐特别重要，因此在处理短期的冲突问题时，人们通常会逃避和屈服。而在个人层面上，有些人更加容易屈服，这种倾向可能与遗传息息相关。

我们不得不承认，回避或屈服有时可能是正确的。当问题和情绪已经过去，计划或优先事项发生了变化，或出现新的选择时，之前回避的冲突有时自动就解决了。同时，当对方更加看重问题或结果，或当对方拥有比我们更多的权力时，屈服是有意义的。但从长远来看，过于频繁地回避和屈服会让我们更难实现我们的物质目标。虽然习惯性地回避或避免冲突在短期内可能会让我们感觉更好并避免社交摩擦，但这种做法也意味着，我们没有把握解决问题的机会来加深人际关系并创造更令人满意的情感体验。

影响策略

当我们想要某件东西，并觉得其他人会阻碍我们时，我们一般会尝试通过施加影响，来让他们接受我们的想法或提议。施加影响的策略有很多，这些策略在攻击性方面的程度有所不同，如表1-1所示。

表 1-1 影响策略

攻击性较低	攻击性较高
恳求……建议……争论……刺激……威胁……动武	
劝导	胁迫

最不具攻击性的方法是恳求他人，以唤起他们的公平感或同情心。我们既可以提出对自己有利的选择，并整理相关的论点，也可以使用激励措施，通过提供奖励或福利达到我们的目的。但如果他们不愿意改变立场，那么我们可能就需要付出代价或进行惩罚。不过，一旦进入这两种状态，我们就会处于胁迫的一端，也就是说，即使对方不想放弃，我们也要使用影响策略，迫使他们屈服。

胁迫可以采取威胁的形式：如果其他人或其他群体不按照我们希望的那样做，那么我们就给予他们所不期望的结果。如果攻击性的强度再强烈一些的话，那么我们就会使用武力来强迫别人按照我们的意愿去行动。动武可能会违反你的价值观和法律；动武也可能会消耗社交资本，并且往往会引发身体抵抗或暴力。因此，我自己的经验法则是，只有当有人正在进行不法侵害行为，而且没有其他方式可以阻止这种不法侵害行为时，我们才应该采取武力来解决冲突。

影响策略是否适当且有效，在一定程度上取决于参与人员之间关系的性质、他们的相对权力以及文化规范。当我们左右摇摆并改变策略时，我们就很难维护人际关系与情感。此外，即使我们不在乎人际关系和情感，随着时间的推移，频繁采取影响策略也可能会让生活变得越来越困难。为什么呢？在短期内，如果我们一味追求自己想要的东西，那么这就会让对方也做出同样的回应，他们会表现得固执己见。你们之间很有可能会产生僵局，从而让解决问题的过程变得更加漫长且低效。从长远来看，坚持我们想要的东西会让我们留下自私的名声。我们更容易因此失去社交资本，也更难让他人跟我们一起实现目标。

妥协

应对冲突的另一种常见方式是妥协：双方都退一步，为了达成协议而牺牲一部分自己想要的结果。在大多数文化环境中，成人会从小就教孩子学习妥协，比如要求孩子懂事、听话等。对资源或机会进行轮流、分享和分配的做法中就能体现出妥协的精神。妥协似乎利用了灵长类动物固有的本能：互惠。当我们需要迅速达成一致时，妥协的好处就显而易见了。妥协是达成共识最常见的策略，由诺贝尔奖获得者赫伯特·西蒙提出，其目的是找到“足够好”的解决方案，而不是完美的解决方案。

然而，当物质风险很高时，用妥协的方式解决差异就显得既昂贵又低效。例如，两个朋友决定一起合租。特里非常想住在市中心附近，她也愿意付更高的房租。但保拉经济拮据，她倾向于为了省钱而住在郊区。最终，特里和保拉决定在地点和价格上相互妥协：她们选择了一个稍微远离城镇的地方，这里的房租比保拉预想中贵一点。但是，她们都不高兴。

当价值观受到威胁时，人们往往难以在道德上接受妥协的方式。“你少偷点我的东西怎么样？”或者“如果我们只污染了一半的池塘呢？”这并不是人们可以忍受或应该接受的解决方案。就像将一个婴儿一分为二给到争夺他的两个母亲，这样做并不会达成什么明智或稳定的共识。

谈判

谈判是一个过程，在这个过程中，持有不同观点和目标的人愿意相互沟通，尝试满足双方最重要的需求，并达成协议。请注意这些前提：

〇双方想要或相信的东西存在一定差异。

〇没有人向双方强加条款，他们是自愿寻求协议。

〇双方需要解决的是交换的条款（最典型的是用金钱换取商品或服务）。

与回避和屈服不同，谈判至少应该能满足我们最重要的需求。虽然影响策略在大多数谈判中都发挥着作用，但它基本上是一条单行道：一方想要说服或改变另一方。谈判则是一条双向的道路：人们带着不同的偏好和责任来到这里，为的是寻找处理这些差异的方法。与妥协不同，谈判一般不会半途而废，或为了关系而一开始就牺牲物质目标。如果顺利的话，那么谈判可以创造出比妥协更好的解决方案，从而让双方都尽可能多地获得他们最重视的东西。

想象一下之前提到的那对室友：经过协商，她们决定租住在市中心附近的公寓里，特里支付60%的租金，住大卧室，保拉支付40%的租金，住小卧室。这样特里就可以住在自己喜欢的地方，同时又不会超出保拉的预算。这个解决方案比妥协更有效，因为双方都付出了相对没那么重要的东西，却换取了对自己而言更重要的东西。

既然谈判有那么多好处，那么人们为什么不经常使用它呢?

第一个原因是，我们之前不知道这个方法，或者说没有好的榜样。通过观察父母、兄弟姐妹、朋友、邻居和老师如何处理冲突，我们可能会像他们一样，更多地采用影响策略（恳求、争论、威胁）、回避（“我不能处理这个。”“我现在出去走走。”）或者妥协（轮流使用或把东西平分）的方式。其实，我们很少能学到好的谈判模式。

第二个原因是，就像学习乐器或运动技能一样，谈判是一项复杂的活动。即使我们可能会通过培训或辅导的方式接触到有关谈判的新理念，我们也很难将学到的知识付诸实践。不仅仅是因为旧习惯真的很难改掉，还因为周围的人会直接压制我们新颖且先进的想法，并阻碍我们进行实践。

第三个同时也是我觉得最重要的一个原因是，我们往往缺乏自信。自信是可以加入冲突熔炉中的关键成分，它是一种加速谈判进程和改善结果的催化剂。

定义自信

仔细想想你生活中会遇到的两种人：其中一种人可以很好地与刁钻的人打交道，并处理各种复杂的事情，另一种人则无法处理好这些情况。你可以根据表1-2所示的内容对他们进行直观的比较。

表 1-2 自信意味着什么

自信	不自信
参与	回避
冷静的，集中的	紧张的，心烦意乱的
清晰的	困惑的，模棱两可的
大声表达，观点明确	害怕表达，容易被说服
目标明确	目标模糊
聚焦环境	聚焦个人想法和体验
提出深刻的问题	害怕发问
乐观，看到良好结果的可能性	保持警惕，不期待好的结果
希望向他人学习	担心被他人剥夺或剥削
行动	反抗

说明：表1-2所展示的只是部分，而不是全部。

大多数人都希望自己能在表1-2左边的一列多停留一会。这样一来，生活不就没那么复杂了吗？但当你看到这两列时，你可能会觉得自己介于二者之间。

《韦氏词典》将自信定义为一种我们觉得自己可以做好某事的感觉或信念。用更专业的术语来说，自信代表了我们能否在特定情况下或环境下表现出良好的态度（社会心理学家十分关注态度的情感、行为和认知成分，我们由此可以得出一个有用的框架）。

自信不等于自尊

自尊是我们对个人整体价值的一般评价或感觉，但自尊与任何特定活动的有效性之间只有部分关系。例如，史蒂夫可能自我感觉良好，但如果是作为曲棍球运动员、歌手或谈判代表，尤其是在他那个擅长这些事情的哥哥身边时，他会缺乏自信。玛亚自尊心低下，但当她坐在钢琴前演奏肖邦的作品时，她会感到骄傲和放松。总体价值感能帮助我们对社会情境有积极的期望，但我们对自己的自信是针对特定情况和特定任务的。

自信和能力并不总是相辅相成

美国职业棒球大联盟球员达斯汀·佩德罗亚的体形并不会让人印象深刻。但当18 岁的佩德罗亚顶着一张娃娃脸大摇大摆地走上球场时，时任美国亚利桑那州体育信息总监的杰夫·埃文斯问同事："那是佩德罗亚吗？"

大多数新人在第一天练习时可能都会感到紧张，但佩德罗亚看上去丝毫不紧张。他径直走向埃文斯，并弯曲自己的二头肌，问道："你觉得我的肌肉怎么样？" 埃文斯转过去对同事说："哇，这3年会非常有趣。"

后来，佩德罗亚戏剧般的自信让比赛变得十分有趣。他会走进赛场说："今天会有激光秀，今天会有激光秀，我今天一定会击中球。"然后他会赢下这次比赛。

埃文斯说："他一直都是这样，从来没有变过。"

在谈判中，自信和能力这两者的联系并不像我们想象中那么紧密。因为人们往往并不擅长判断自己的能力。心理学家大卫·邓宁和贾斯汀·克鲁格发现，最无能的人其实最难意识到自己的局限；他们无能到了难以发现自己有多无能的地步！尽管我们没那么自信，我们也可能会在谈判中取得非常好的结果，但在很长一段时间后，我们会继续怀疑自己，因为我们在整个过程中都很焦虑。

关于谈判的另一个问题是，我们很难将各种可能性进行比较，从而得出我们到底取得了多大的成功。在安德鲁·卡内基将公司卖给摩根大通而成为世界首富之后，卡内基严重怀疑他当时应该多要 1 亿美元。约翰·摩根告诉他："如果你当时提了，那么我们就会给你。"但是，与我们谈判的人通常不会在事后告诉我们还有其他的可能性。即使他们这样做，我们也不能确定他们说的是不是实话。哪怕他们会实话实说，他们也不一定能想到可以让双方都更好的选择。

自信不等于魄力

千万不要以为自信就是自我推销。在体育赛事中，佩德罗亚的话很可能会惹恼或干扰对手，但有效的谈判需要不同的方法。告诉对手我们很强大，或者让他们按照我们希望中那样做，只是在试图说服或强迫他们。这可能会让我们的谈判到此为止。

就算不使用激进的策略，我们也可以变得更自信。自信有时会让我们在沟通中保持魄力，但这并不是它唯一的效果。自信也会让我们获取关键信息，为我们当前的问题制定解决方案，或者让我们在好战的对手面前保持冷静。

会不会有点自信过头了

我们到底应不应该如此培养自信？毕竟，那些过于固执或自信的人会加剧冲突或延长解决冲突的时间。也许我们应该适当地提升自信，但不要太多？

正如我们将在第 4 章中看到的那样，研究表明，在谈判过程中，我们确实会犯一些可预见的错误，而且常常自以为是对的。但是，当心理学家谈论这种“过度自信”时，他们探讨的是一个人对自己评估或预测的情况过于确定。我所理解的自信是感觉自己能更好地处理手头的任务。在我看来，自信包含3个部分。

自信的多维视角

理解自信的3个不同组成部分，有助于我们处理所有复杂的任务，包括冲突。

◇行为成分：掌控

掌控指行为上的自信，即一个人知道应该处理某事，而不需要费力思考。滑雪者和赛车手都知道，在赛道上需要多大的压力才能实现最佳角度的转弯；一个吉他手在独奏时会选择有趣的音符进行演奏；演讲者很乐意回答那些意想不到的问题，但他们还是会让讨论的重心回到关键的见解和主题上。当我们能够掌控某事的时候，就代表这项技能已经成为我们的第二特质。

为了达到掌控的状态，我们需要一张包含具体步骤的心理地图。对于谈判来说，我们需要一个足够灵活且能够解决各种上下文的地图。它应该包含那些同时发生或前后发生的关键动作或行为，并能够帮助我们了解事情是如何进行的，我们在什么位置可能会偏离轨道，并展示我们该如何重置或重启。

掌控是通过练习实现的。我们可以通过观察别人去学习如何处理一些复杂的事情。但在某些时候，我们不能止于观察。如果我们想提升游泳技能，观看某人游泳的视频可能会有所帮助，但我们还是得自己跳入游泳池。

认知成分：觉察

自信也包含认知（思维）部分。当我们发现自己与他人发生冲突时，我们的大脑会天然地迅速评估当前的情况：我是对的吗？他们是对的吗？我可以信任他们吗？他们的建议对我有利还是不利？他们为什么要这样做？接下来我该说些什么？在我们的物质目标、人际关系和情感受到威胁的情况下，大脑会采取各种捷径来帮助我们快速理解当前事情如何运转以及我们应该如何做出反应。直觉性思维的局限性会干扰我们的判断，这种思维模式不仅会让我们对假设和信念的准确性过于乐观，还会让我们在感到无能为力的时候，产生不必要的悲观情绪。

为了更有效地思考冲突，关键是要增强我们的觉察力。为了更加自信地正确判断各种情况和解决方案，我们应当使用更加系统化和成熟的思维模式，来弥补大脑固有的思维模式缺陷（即使固有的思维模式的确能在很多情况下帮助我们）。当我们丢失钥匙时，我们会习惯性地到熟悉的地方寻找。但如果没有找到钥匙，那么我们就会更系统地思考："我今天去了哪里？我能把钥匙放在哪里呢？"系统性思维需要更多的精力，但这种思维模式可以帮助我们得到更好的结果。

◇情感成分：沉着

自信还包含情感成分，即沉着。我们能意识到自己的想法和感受，但不受其驱动。当我们准备、执行和反思一场困难的交易时，沉着能够让我们集中注意力。它使我们在面对冲突时，能更清晰且更系统地思考，并感知到他人的情绪，从而避免过快地做出反应。我们会感到冷静、准备充足和好奇，而不是焦虑、不耐烦或心存戒备。

焦虑是沉着的最大破坏者。焦虑让我们无法站在他人的角度思考问题和情况，它会让我们很难真正地提出问题，更多时候可能是在胡言乱语，也会让我们在面对障碍时缺乏创造力和耐心，还会打乱我们的计划和想法，让我们陷入自我怀疑和反复猜测的死循环。最重要的是，焦虑会让我们尽可能避免谈判和冲突，而不是主动解决这些问题。

自信是良好结果的催化剂

从这3个组成部分入手来培养自信，可以让我们更好地应对冲突熔炉。自信不仅能让我们意识到自己真正面对的是什么，而且能让我们站在不同的角度思考如何改进。培养掌控、觉察和沉着的能力可以让我们持续在物质、社交和情感上获得良好的结果。

还记得那个想找老板亚历克斯讨论的卡伦吗？她担心自己的物质结果，其中包括薪水、休假、办公地点和周五工作的灵活性。她不知道在后续的谈话中应该使用什么影响策略（“我应该变得强硬吗？后续我该怎么做？”），她想知道自己是应该屈服还是回避一些问题，比如薪水。而在直觉的引导下，她的脑子里又跳出了各种结论。她的心情很复杂，她不知道应该怎样采取行动才是明智的。

增强自信可以帮助卡伦更有效地处理这种情况吗？当然可以。研究表明，自信是某些谈判者表现得更好的关键。心理学家希拉里·埃尔芬拜因分析了75项关于谈判和个人差异（情感、动机、能力和信念）的科学研究，并得出结论：“积极的期望以及在谈判中感到舒适预示着良好的谈判结果。”

心理学家劳拉·克雷和迈克尔·哈兹胡恩也得出了类似的结论。心态是指个体认为能力固定或能力可变的信念。在研究心态的过程中，他们发现，在15周的谈判训练中，那些相信谈判技巧可提升的学生的谈判技巧有了显著提高；而那些认为谈判技巧与生俱来的学生的谈判技巧几乎没有任何提高。

甘地曾经说过：“人常常会变成他自以为的样子。如果我一直对自己说我做不到某件事，那么我最后可能真的做不到。相反，如果我相信自己能做到，即使一开始我没有能力做到，我最后也一定可以做到。”

当涉及冲突处理时，如果你更加自信，那么你就可以学着在各种情况下更频繁、有效地使用谈判策略。

我的目标是帮助你更加自信地处理冲突，而不是让你变得傲慢、愚蠢或使用不适合自己的方式处理问题。我将借鉴哈佛大学的同事的杰出研究成果、我作为心理治疗师的经验，以及我在30多个国家的40多个组织中担任教师、教练和顾问的经验。

如果你在谈判时变得更自信，那么你很可能会获得更好的结果，你的人际关系会加强并得到维护，你的声誉会提高，你会更有效地管理情绪，你的幸福感也会增加。听起来是不是还不错?

在下一章中，我将更详细地描述谈判的原则和实践方法，并道破卓越谈判者与优秀谈判者之间的区别。

第 2 章

从冲突到谈判

像伟大的谈判者一样思考

在交谈中，判断比雄辩更重要。

——巴尔塔萨尔·格拉西安

某个夏日的午后，我和同事被一件事情难住了：一位高管打电话给我们，他痛苦地向我们详细描述了公司里两个小组间反复发生冲突的事情。因为每个组都有特定的目标和优先事项，所以双方很难达成一致。但是，每个组的成员都是在竭尽全力地做他们认为对公司最好的事情。

他说完以后，我们提出了建议："也许他们需要进行有效的谈判。"

这位高管停顿了很长时间。"嗯，我不认为需要进行谈判。我们的企业文化是合作。我们是合作伙伴。我们会一起解决问题。"

我们尝试再解释一遍。"这两个小组在工作中都有不同的责任和优先事项，是吧？"

"是的。"

“他们在‘怎么做会让公司更好’这个问题上存在分歧，但他们都在努力地做自己认为最重要的事情？”

“是的。”

“既然如此，他们还不需要谈判吗？”

又是一阵停顿。“还是那句话，我觉得我们需要在一起解决问题。当然，可能有时候并不那么顺利。”

我们是遗漏了什么信息吗？在与那位高管进行了多次通话后，我们知道了原因：该组织的领导人不喜欢“谈判”这个词。对他来说，这意味着公司内部出现了问题，并且这意味着员工的想法和行为都很自私。这件事说明了人们对谈判普遍存在一些误解。很多人仍然认为谈判是一件挑衅他人或操纵他人的事情，因此在这个特殊的领域中，如果想要得到我们想要的东西，我们就必须破坏重要的关系和情感。但专业谈判不一定是操纵他人或强迫他人，它也不要求我们一进门就反复检查我们的价值观。

谈判的原则和实践

成千上万的案例、书籍和实验都告诉我们，在冲突和谈判中，我们可能会在哪一步以哪种方式犯错，以及我们应该如何让事情有效地进行下去。在接下来的内容中，我将展示40多年来的主要观点和实证研究，因此，请你快点做好准备，和我一起快步出发吧！如果你读过《谈判力》《沃顿商学院最实用的谈判课》《三维谈判》或《谈判长赢》等书，那么你会对这些方法很熟悉。如果你是第一次接触它们，那么你也不要担心，我们会在不同章节再次谈到这些方法，并详细地介绍它们。优秀的谈判者会通过一些关键技能和习惯进行谈判。

分析无效谈判的结果

在坐到谈判桌前后，优秀的谈判者会尽可能地了解双方如何看待未达成协议所带来的影响。通过思考无效谈判的结果，我们可以提前确定并推动谈判协议的最佳替换方案，即如果无法达成协议，他们会采取怎样的措施。最佳替换方案可能并不总是“最好”的选择，有时它是风险最小的方案。如果双方能提前预判无效谈判的结果，那么这种做法就可以保护谈判者不受对方首次提出的极端提议的影响，另外，这种做法还能指导谈判者设定目标或立下愿望，并提醒谈判者注意知识空白。

仔细考虑利益

优秀的谈判者会认真思考对方的利益，也就是隐藏在他们各种要求和争论背后的目标和待考虑的事项。还记得之前的冲突熔炉吗？利益包含物质（比如得到一个好的价格）、社交（比如关注朋友或同事）和情感（比如避免尴尬或沮丧）3个方面。利益既可以是短期利益也可以是长期利益，争取利益的目的既可以是获得积极结果，也可以是避免消极结果。彼得可能会跟他的同事说：“我不能参加那个会议，因为我要在下午5点半之前到家。”而他必须回家的潜在动机可能是，他需要在朋友来吃晚饭之前打扫房间和准备食物。

其实如果彼得向老板解释他自己的动机，这可能会让彼得显得更有创造力、更积极主动，而不是单纯地为了完成工作任务。例如，如果他的老板愿意支付出租车和外卖的费用，那么彼得就可以在公司多待45分钟，这样一来，他既能参加公司的会议，还不用发愁如何为朋友准备晚餐。

优秀的谈判者不仅会考虑自己的利益，也会考虑他人的利益。为什么他们想要那个东西？对方潜在的需求或动机是什么？彼得可能需要他的老板和同事说明为什么他需要出席本次会议。如果他们想让他对某个想法发表观点，那么他们也可以让他在回家的途中通过电话表达观点。如果他们想让他认识新客户，那么他可以跟客户约个早餐。学会站在利益的角度思考问题，这不仅能防止情况变严重，还能让问题得到有效解决。

有效构建论点，争取价值

如果谈判者想要尽全力争取到他们想要的东西，那么他们可以通过有效构建论点的做法，直接解决或回应他人对于利益的考虑，这样既能维持社交资本，又能防止不良情绪的产生。例如，丈夫计划跟妻子一起去度假，他可能会说：“我们可以去这个地方，那里有我最喜欢的冲浪。”这种论点只顾及了丈夫的利益。但他也可以说：“你说你想好好放松一下，但前提是那个地方得有网络。我觉得你可能会喜欢这里，因为这里能极大程度地满足你的需求！”这种论点顾及了妻子的利益。他还可以举一个例子，比如“史密斯一家也喜欢这个地方”，或者提到他们默认的原则，比如“去年夏天我们做了你想做的事，今年夏天我来决定如何”。简而言之，优秀的谈判者会根据谈判对象制定论点。

至于论点的数量，少即是多。因为有研究表明，提出少数明确的论点比一长串论点更有效。

如果你能做到这些，那么这就说明你已经做得很好了。这就是优秀的谈判者所做的事。但是伟大的谈判者会怎么做呢？与其他人相比，他们还有4个习惯，我们可以将其归纳为：创造价值、重新定义问题、保持学习的心态、专注于过程。

创造价值

“创造价值”这个概念可能很难理解，它指的是让双方产生共同利益或是在谈判之前先让蛋糕变大。伟大的谈判者一般会采用3个步骤。

通过分析、辨别对方的主要利益和优先事项，他们能知道双方看重的是什么。我之所以用“辨别”这个词，是因为我们不能总是直接问与我们正在谈判的人，即使我们可以，他们也不一定知道或透露什么东西对他们而言是最重要的。

他们能察觉差异，即他们能觉察到双方最重视的是什么，双方的理念是什么，以及双方都愿意冒什么风险。

他们能提供新的选择，利用双方的差异为彼此创造利益。这种做法确实是优秀的谈判者和伟大的谈判者之间的区别。当每个人都能获得更多他们最看重的东西时，他们就能改善物质结果，保留社交资本，并缓解情绪紧张。假如你喜欢汤是因为喝汤让你很愉快，而我想要牛肉是因为我需要蛋白质，这没问题，我们可以做炖牛肉！我们可以根据彼此看重的不同问题来进行交易，如果你能对我最看重的东西做出更多的让步，那么我也会对你最看重的东西做出更多的让步。

创造价值并不意味着让步，这与“友善”无关。伟大的谈判者知道，实现双赢（图2-1中所示的右上角）意味着努力满足自己和他人的需求。如果你从影响策略开始，通过恳求或建议来提要求，那么对方也有可能会采取同样的策略；如果谈判能继续下去，双方最终会实现“创造价值”的状态（图2-1所示的左下角），他们可能会为了一块小小的蛋糕而争执不休。但是，最有效的谈判是冲着右上角的“满足双方需求”去的，尤其是在人际关系对你来说很重要的时候。

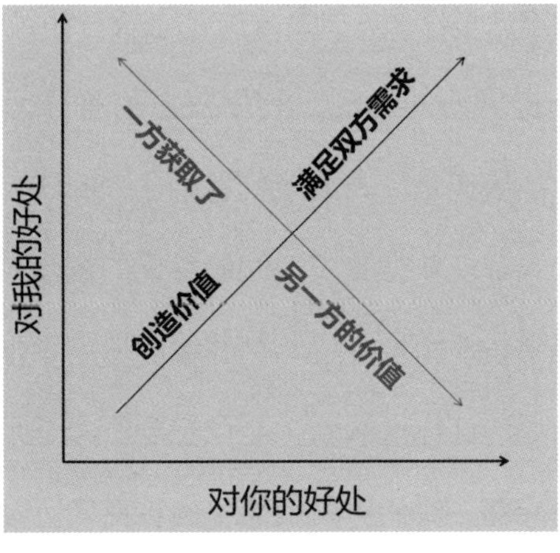

图 2-1 价值图表

这听起来很简单，但其实很难。为什么呢？

大多数谈判都存在一种固有的紧张关系，到底是通过制定可能对双方都有利的选项来创造价值，还是通过影响对方同意我们的首选项来争取价值。当我们思考如何给对方更多他们想要的东西时，我们也需要确保自己不会受到剥削。我们乐于分享信息且愿意灵活处理问题，但如果对方不愿意，那么我们很可能会吃大亏。我们怎样才能跟他们达成合作，一起解决问题，而不必冒险呢？这就是谈判人员的两难困境。所幸，有一些关键的过程可以让你在不用承担非必要风险的情况下创造价值。

提出一整套解决方案

伟大的谈判者不是一次只解决一个问题，而是思考一整套解决方案。如果我们在每个问题上都讨价还价，最终为了达到平衡，双方都得妥协，那么蛋糕永远不会变大。例如，想象一下我们要讨论4个问题。问题1对你来说最重要，问题4对我来说最重要。因此，如果你可以在问题4上灵活一点，那么我就可以在问题1上灵活一点。最终，我们在讨论剩下的问题时可能也会更灵活。但是，如果我们在经过各种讨价还价和妥协之后，才解决了对你来说最重要的问题1，那么当我们最终讨论到我最在意的问题4时，你就不会那么宽松了。如此一来，我们可能会错过一笔好交易。

伟大的谈判者不会只提出一个方案，而是试着提出两三个方案，并且每个方案都是为了满足对方的不同利益和优先事项。这就像有线电视供应商一般会提供不同的套餐，每个套餐在可接收的电台数量和具体价格方面都有所不同。人们可以权衡自己所需来选择套餐，这也有助于有线电视供应商了解客户的需求。

分级处理

为了创造价值，伟大的谈判者还需要知道如何分级，即将问题分成几个部分。例如，他们可能会问“我们应该花多少钱买一辆车”，然后就将这个问题划分为几个子问题：总预算、可负担的首付金额、以旧换新的金额、贷款的长度和利率。其中一些问题可能对汽车经销商更重要（总价、贷款期限）；有些则对买方更重要（首付款）。这种方式可以让买卖双方了解彼此对各个问题的在意程度，并据此进行交易，而不是就一个问题讨价还价。

有条件地让步

当需要让步，即在某些问题上退一步才能达成协议时，伟大的谈判者通常会要求得到一些回报。“如果我同意你的价格，那么我们能签订两年的协议吗？”“如果我同意你这周末用车，那么你准备下周的晚餐怎么样？”对方并不总是会答应这些要求，特别是当他们有一个很好的备选方案，而他们随时可以停止谈判的时候。但提出要求很重要，我们几乎不需要为此冒任何风险，就有可能会获得显著的回报。当我们这样做的时候，我们可以通过谈判进行更多的交易，而不是直接放弃谈判。

重新定义问题

伟大的谈判者擅长对问题进行重新定义，也就是从不同的角度重新审视他们的观点或论点。当对方批评我们的提议时，我们要注意他们所提出的质疑，并通过提供其他方案或提出相关问题的方式，来尝试了解他们的想法。如果对方威胁要终止谈判，那么你要承认这是他们的选择，但你也要强调继续探讨解决方案的好处。伟大的谈判者会站在对方的立场上考虑对方的需求，并根据对方需求背后的利益，对问题进行重新定义。

◇保持学习的心态

伟大的谈判者都知道，对于谈判而言，保持好奇心非常重要。好奇心不仅能防止他们错失机会，还能防止他们在强大的对手面前乱了阵脚。他们想尽可能多地了解，对方会如何看待这个问题。对于新的信息或机会，他们时常保持警惕，并通过提问的方式，揭露出那些难以立刻觉察的约束条件或利益因素。一项研究发现，那些受到同行认可并且特别优秀的谈判专家，在提问和倾听对方上花费的时间要比普通的谈判者多250%。通过提问和倾听，谈判者可以发现那些有助于创造价值和争取价值的信息。在谈判中，信息就是力量。

专注于过程

伟大的谈判者有一张心理地图，上面包含着大多数谈判者所需要经历的不同阶段。这张心理地图标明了每个阶段所需要的具体策略，他们有多少时间，以及他们是否有机会与对方再次交谈。最重要的是，通过在心理地图上确定谈话的具体位置，谈判者可以更好地确定方向。心理地图可以帮助他们知道事情在什么时候偏离了轨道，或者事情在什么时候开始停滞不前，并让他们知道怎么才能让讨论朝着正确的方向发展。我会在第3章为你提供一个可以普遍使用的心理地图，并提供更多细节，以便向你展示对不同阶段的谈判来说都合理的方法。

这些都是伟大的谈判者在谈判桌上会使用的方法。但如果连谈判桌都没有呢？

从冲突到谈判

当我们必须做出与他人有关的决定时，或者当我们有了想要交易或交换的东西时，谈判桌就已经准备好了。但是当我们因不同的信念而争论，或者当对方存在行为方面的问题时，我们该怎么办呢？这类冲突很常见，但人们在处理这种冲突时却很少使用谈判这种策略。在我们意识到这个问题之前，我们会进行习惯性反应，忘了将谈判作为解决冲突的优先策略。在面对这样的冲突时，我们有时需要通过设置行动步骤来创造谈判机会。

信念冲突

每个人都有自己看待世界的方式。我们无法确定谁提出的说法更加准确，也无法确定未来会发生什么，有时候这可能仅仅是因为我们的偏好不同。我们的信念有时源于根深蒂固的价值观和道德本能，比如关于死刑的正当性的问题。

当然，争论可以是有趣的，甚至可以是有教育意义的。当事情并不重要时（除非是为了赢得一场争论），我们随时可以停止，并对他人无法理解我们看待事情的方式表示遗憾。但是，当我们因为信念不同而使得共同决策或交易变得更加困难时，有3种方法可以为你提供帮助：

1.联合事实调查。与其争论在当地的池塘里游泳是否安全，不如我们一起提出相关的问题，比如“池塘的污染有多严重？”以及“人们能在里面安全地游泳吗？”然后，我们会共同认可这些信息的来源，认为它们是可信且可靠的。联合事实调查一般用于政治环境中，如果在面对风险和危机时，或者在讨论关于待定方案和政策的影响与益处时，双方存在难以协调的分歧，那么他们就可以使用这种方法来解决冲突。联合事实调查不意味着非要提供解决方案，我们也可以将其作为一个基于事实的起点，逐步确定备选方案，评估风险，并最终确定行动方针。

2.第三方援助。我们可以咨询双方都信任的人，或者某一特定领域，比如法律、工程、城市规划、金融等方面的专家，以帮助我们了解哪些事实的关联性最强，我们该如何最好地解释这些事实，以及未来最有可能出现的结果是什么。有时，我们可能会事先表示同意接受第三方或权威方的任何决定，比如在仲裁的情况中。

3.有条件的协议。为了处理未来可能会发生的分歧，我们可以按照“如果……那么……”的格式草拟协议。例如：“如果价格真的上涨了，那么我们的交易就是X。如果价格没上涨，那么我们的交易就是Y。”还有一种方式是下注。例如：“如果小熊队赢了，那么你就得付给我700元。”但我们不必非得坚持一方赢或另一方输。

关键问题在于，对于一个必然获利或可能获利的决定或交易，我们持有的不同看法是否会对我们达成一致有影响？如果是这样，那么上面的方法可能对你有所帮助。如果不是的话，那么也许“差别万岁”就是最好的结果。

行为冲突

舍友一直“借”我们的食物，同事会对我们有攻击性言论，有个人在安静的火车上大声地说着自己无趣的想法……很遗憾，这些烦人和闹心的行为都是生活的一部分。当我们觉得一切都可以忍受的时候，我们就会选择回避，低声咆哮。但是当这些干扰变本加厉，开始变得无休无止的时候，我们往往会采取行动。

嘭，嘭，嘭。噹啷。嘭，嘭，嘭，嘭，嘭，嘭……

戴夫十分生气。他已经连续3天被吵醒，因为装修工人在黎明时分就开始在他新邻居的屋顶上敲钉子。第一天，他只是在黑暗中呻吟着，等着它停下来，他以为这种干扰只会发生一次。到了第二天，他又被吵醒了。他暗自咒骂，并发誓要采取行动。他在门上留下了一张便条：请让工人在早上8点半以后再工作。现在已经是第三天了，他被彻底激怒了。他穿上裤子，跑下楼，走出门，心跳加速。

“喂！”他对着邻居的屋顶喊道，“喂！”工人们停了一会儿。“你们不应该这么早弄这个。你们发出的噪音太大了！”

一个可能是工头的大块头的人来到屋顶边上，大声回答道：“对不起，我们马上就要完成了。”

戴夫觉得越来越生气。“我在门上留下了一张便条，房主没有告诉你们晚点再来吗？”一种被羞辱的感觉悄悄涌上他的心头。这些人怎么会那么混蛋呢？

“他们出城了。”工头喊道。

“你们不能这样做。我要去叫警察了！”他一边喊，一边大步回到屋里。

现在他坐在那里看着电话，心跳在加速。他在心里想：“我这样做会不会太草率了？报警会不会让情况变得更糟？”

为了处理别人的行为问题，我们一般会先使用影响策略，这一步非常必要，它可以让对方愿意与我们进行谈判。例如，面对潜在客户的时候，除非我们能先让他们相信，我们可以提供他们想要或需要的内容，否则他们往往不会愿意讨论具体条款。同样，只有当室友意识到现状不被接受并且需要改变的时候，他们才会改变自己的行为。

虽然我们的最终目标是解决问题，但我们往往很难提出异议或直面对方的问题行为，因为我们害怕被对方拒绝，我们害怕对方不尊重我们，我们害怕受到羞辱。如果对方说一些类似“你疯了”或“那不是我的问题”的话，那么我们该怎么办？万一他们威胁或侮辱我们呢？万一他们嘲笑或忽视我们呢？只要一想到这些反应，我们就会感到不安，这迫使我们选择回避。当遇到这样的情况时，我们需要充满自信。

这里有4种方法可以让你充满自信。

1.联系你的朋友。如果有人可以听我们发泄和倾诉，并提供一些安慰，那么我们的大脑和身体就会平静很多。有时候，我们只需要朋友说一句：“哇，这太可怕了！如果是我的话，我也会很生气的！”只要有人能认可我们的情绪，我们就可以冷静下来并重新思考问题。在上面提到的案例中，戴夫打电话给他的朋友艾尔，将事情的经过告诉了他。艾尔表示同情，并帮助他进行了头脑风暴。现在，戴夫已经平静下来了。

2.想想B计划。还有没有其他方法能满足我们的需求呢？例如，如果装修屋顶的工人不能停止他们的工作，那么戴夫是否可以戴着耳机去一个更加安静的房间睡觉呢？或者，他是否可以想办法要到那个正在度假的邻居的电话号码？在面对我们的对手之前，我们最好先想一个备选计划，即使是一个普通的计划也会让我们感觉自己更强大。

3.设计一场建设性的对抗。问题的关键是，我们该如何影响对方，从而让他们愿意跟我们一起解决手头上的问题。通常，激烈的情绪会直接导致争论、威胁甚至更糟的情况。

当我们不得不参与对抗时，以下3个动作可以引导事情朝着正确的方向发展：

（1）**以理解作为开端。**“我看到你们真的很忙，”戴夫说，“而且我相信你们一定也想尽快完工。”

（2）**随后明确且具体地提出不满的原因。**即使我们的意图是好的，但当我们被别人激怒时，我们会很容易批评这个人，而不是抱怨这个人的某种行为。例如，戴夫可能会忍不住说一些像“你可能不知道这是一个居民区”这样的话。即使他说的有道理，你也要注意到一点，那就是他所提出的问题是装修屋顶的工人缺乏意识，而不是他们在工作期间制造了噪音。我们将在第6章中提到，批评会把对话和谈判转向错误的方向。戴夫最好还是简单地说：“昨天我工作到很晚，这种噪音让我无法入睡。”

（3）**提出一个解决方案，并询问他们的方案。**戴夫可以这样说：“我的想法是，也许你们可以在半小时后开始工作，在7点之前，你们先处理其他不怎么产生噪音的工作怎么样？或者你们有更好的解决办法吗？”

我们发现，采用以上3种方式常常可以让对方做出建设性的反应，这同时可以让我们忽视内心的恐惧。不过，对方有时也不一定会做出建设性的反应。他们可能会选择忽视、驳回或贬低我们的要求和建议。因此，我们还可以准备好做另一件事。

4.改变游戏规则。如果合作策略不起作用，那么我们还有一种很有用的影响策略。我们可以通过奖励对方来让对方采纳我们的想法。“我有一个想法，”戴夫可以说，“如果我们能想出一个处理噪音的方法，那么我今天下午就给你们带一箱啤酒。”但如果工头还是没有行动呢？戴夫这时候需要营造一种可能发生的负面后果。“听着，”他可以说，“如果你不愿意谈论这个问题，那么我就没有别的办法了，我只能打电话给社区委员会和警察。我不想那样做，我相信我们能找到解决办法。但如果有必要的话，我还是会打电话给他们的。”

对我们大多数人来说，用负面后果来威胁对方会让多数人感到压力。但是如果我们按照上面说的做了，我们就没那么害怕了。我们已经开启了一场对话，即使它还没有取得成果，我们也不会那么害怕和有所防备了。

从了解到掌控

在本章中，我们讨论了很多方面，我们介绍了优秀的谈判者所做的事情，伟大的谈判者所运用的额外技能，以及我们如何将信念和行为方面的冲突转化为谈判。我希望你们现在能够理解谈判的力量为什么会如此强大，以及从冲突走向谈判桌需要什么。但是，如果你感到有点困惑，那么你不要感到绝望：我们只用几页纸就涵盖了40年的谈判理论和研究。接下来到了更具体地看看我们如何在谈判桌上培养掌控、觉察和沉着这3方面的能力的时候了。

真正有趣的旅程就要开始了。

第 3 章

掌控

自信的行为成分

从温故中知新，方是价值最高之处。

——金·哈伯德

在一个阳光明媚的星期六下午，我妻子在教我儿子骑自行车。我妻子跟着我儿子连跑了好几十米，接着慢慢放手，看着他偏离方向，速度越来越慢，身体变得摇摇晃晃，又一个急转弯，他摔倒了。为了让我儿子摔得没那么疼，他们在当地公园的草地上又练习了几次。一开始我儿子没什么把握，我妻子就大喊着鼓励性的指令，但每次都慢了一秒。突然，我儿子骑了很长一段路，他高兴地大喊着。过了一会儿，他又摔倒了。但现在他愿意去练习，摔倒之后还会站起来再试一次。不知怎的，他找到了骑单车的诀窍，他的动作越来越流畅。对于骑自行车，他的掌控力越来越强了。

掌控意味着什么？从根本上说，这意味着我们学会了在毫不费力的情况下很好地进行表现或完成某事。要实现掌控，我们需要知道该做什么以及怎么做。同时，当涉及复杂任务的学习，比如游泳、演奏协奏曲、谈判时，是什么以及怎么做分别对应着不同的学习过程。

要想实现掌控，你需要了解3个关键点：准备、过程和练习。准备指的是我们在处理冲突时必须学会的行为。过程指的是我们和对方在谈判桌上所做出的行为。而练习则让我们将这些行为演化成后天习得的天性。

准备

当我们即将进行谈判或面临潜在的冲突时，我们的想法和计划经常交错缠绕、相互矛盾。有时，我们试图避免由此产生的焦虑，于是干脆停止思考，等到事情真的发生了，再随机应变。虽然我们在处理很多情况时都会选择随机应变，但是用这种方式处理冲突和谈判却非常冒险。因此，我们需要更加系统地评估这些情况。

请看表3-1中的谈判流程图。记住谈判的流程有助于我们做出正确的准备工作。这要求我们判断形势，并付出同样的努力去思考我们的对手会如何看待它。记住谈判的流程会让我们提前做好准备，以便思考可以提出哪些问题，以及有哪些可供参考的解决方案。这需要我们构建论点，并预测他们的论点。如表3-3所示，准备模板可以帮助我们做到这一点。虽然表3-3中列举的项目并不详尽，但像这样的准备清单或实行方案可以提醒我们，要将注意力放在特定类型的问题或疑问上。挑战自己和吸引他人的第一步，就是把自己的想法转换成文字，大声地将其表达出来或将其写在纸上。关于可供使用的更多工具，请参见本书附录。

表 3-1 谈判流程图

→→→→→→→→解决方案→→→→→→→→				
确立	探讨	创造	决定	总结
共同的机会、问题或决定	对现有建议的反应	能产生收益或弥补差异的选项	理由（为什么公平？）	记录已达成一致的内容
需要讨论的关键问题	利益和优先事项	一整套解决方案	结束交易、让步	定义措施和里程碑
议程：会议目标、时间安排、限制条件	灵活性领域（如果我……好吗？）	有条件的承诺	如果陷入僵局，我们是否终止或妥协？要引入第三方吗？	通知受该决定影响的其他人

续表

→→→→→→→→解决方案→→→→→→→→				
确立	探讨	创造	决定	总结
谁可以批准或否决我们的研究结果?	新问题（添加，分级）			下次我们如何做得更好?

说明：多听，而非多说；监控时间和议程；以诚待人。

系统性的准备可以引导我们更好地分配注意力和创造力，从而让话题、选项、方案和论点更加丰富、更富有成效。准备工作可以帮助我们管理对话的内容，而不是简单地对别人的言语或行为做出反应。也许，最重要的是它能帮助我们变得更为积极主动，避免那些常常由冲突导致的焦虑情绪和回避行为。

过程

因为谈判难以预测，且情况千变万化，所以我们有必要提前决定如何开展谈判以及为何开展谈判。最好的方法是遵循谈判流程图。这与会议议程不一样，会议议程是对主题或决定进行时间分配的列表。相反，流程图能够明确我们打算在对话中所遵循的流程。流程图让我们更有可能以正确的顺序讨论正确的事情，如果谈话偏离了轨道，那么它也可以帮助我们立刻找回原定的方向。表3-1提供了一个流程图，你可以以此作为起点，修改之后供自己使用。

要了解这个过程的理想版本是什么样的，请参考林休和克雷格之间的简短谈判。林休打算翻新她的地下室，于是她让克雷格给出整个工程的预估价。在她提出估价后不久，他们就坐在谈判桌前了。

表 3-2

	确立
“好吧，”他说，“那么，我认为我们可以讨论一下材料的范围、时间、费用和成本。我现在只有一个小时，但如果我们没讲完的话，那么今天晚些时候我们可以再谈一次。”	需要讨论的关键问题；议程：限制条件
“如果我们能达成协议，那么你今天就能确定一个工作计划，还是需要咨询别人？”她问道。 “我可以确定。”他说。	谁可以批准或否决我们的研究结果？
“是这样的，我看了看你的提议，我很喜欢这个设计，但材料和总成本似乎有点高。”	对现有建议的反应

续表

	探讨
“项目的总成本对你来说很重要吗？”他问道。 “是的，”她证实道，“老实说，这很关键。我有一个固定的预算。” 他点了点头，然后说：“还有什么是你比较在意的吗？” “我想尽量减少破坏。”她说。	利益和优先事项
“我在想，我们是否可以分阶段完成这个项目？”他问道，“这样就可以减少预算并减少破坏性。”	灵活性领域（如果我……好吗？）
“不，我不想这样，”她拒绝了，但随后建议道，“如果在地板上使用便宜一点的木材，那么这样做可以降低材料的成本吗？”	新问题（添加，分级）
	创造
他想了想之后说：“这样做可以降低成本。你知道，如果你能帮我一起粉刷墙面，那么我就可以削减费用，而且刷墙这个工作很容易。”林休肯定地点了点头。“我能帮忙的。我以前常常粉刷房子。”	能产生收益或弥补差异的选项
“如果你帮忙粉刷墙面，”克雷格继续说，“加上我们使用更便宜的木材，那就可以减少大约20%的费用。或者，我们也可以选择你喜欢的木材，但这只能降低10%的费用。”	一整套解决方案
“如果我能以更低的价格找到同样的地板，那么可以减少20%的费用吗？”林休问道。	有条件的承诺

续表

	决定
“应该可以，”他回答说，“但我想让你知道，我提供给你的材料价格都是成本价。”	理由（为什么公平？）
“如果我现在可以用现金支付你50%的费用，你能打95折吗？”	结束交易、让步
克雷格低头看了看他的笔记。“我不确定……我得考虑一下。我已经在尽可能地降低成本了，而且我本来还可以接其他工作。” 他们俩都沉默了一会儿。 “只要你允许我在工作时把我们公司的标志放在你房子前面的草坪上，我就可以给你打95折。” 林休深吸一口气，微笑着说：“当然可以！”	如果陷入僵局，我们是否终止或妥协？
	总结
过了一会儿，林休说：“我们现在可以花几分钟来制订一个项目计划吗？我想弄清楚地板什么时候会来，以及我什么时候需要处理管道中断的问题。”	记录已达成一致的内容；定义措施和里程碑
“当然，”克雷格说，“我打个电话给砌墙工，在我跟你敲定计划之前，我得确保他们在这两周都是有空的。”	通知受该决定影响的其他人
“太好了。我们怎么联系比较好呢？发短信、发电子邮件，还是打电话呢？”	下次我们如何做得更好？

这是一个简单而具有协作性的谈判过程，这是一次理想的谈判。大多数谈判会更加曲折，要处理的问题也会更为复

杂，而且至少有一方的配合度和行动效率很低。因此，当问题变得复杂，且对方不配合时，我们特别希望脑海里有一个计划。这个计划能给我们一种方向感，从而引导我们采取行动，而不是做出反应。

请记住，使用流程图是为了指导我们的战略，而不是盲目地将我们锁定在一系列严格的战术或行为中。当我们与朋友进行谈判时，我们只是简单地提很多问题，问他们想要什么，以及他们为什么想要这些东西。还有一种情况，比如一个投标合同的供应商，或一个在调解室的律师，他们可能已经提出了一个解决方案，这时，对话可能就要从另一方对该提议的回应开始。

表 3-3 谈判准备模板

无效谈判的结果	如果没有达成协议，那么双方会发生什么？我们每个人都有什么选择？这些选择有怎样的吸引力？双方都面临什么风险？
利益	我们的目标和关注点是什么？其中，哪些是最重要的？
问题	我们想问他们什么？例如：什么对你很重要？为什么？还有什么是重要的？比起问题A和问题B，问题C有多重要？他们会问我们什么？我们将如何回应？
争论点	有哪些问题是可以协商的？我们如何将潜在的争论点分解成小的论点，即把它们分级？
一整套解决方案	哪些解决方案（每个问题中都有一个选项）对我们来说更好，而且可能对他们来说也足够好？我们如何利用对我们每个人来说都最重要的差异呢？
愿望和局限	考虑到我们的人际关系目标，我们最初会提出什么样的建议？在什么情况下，这笔交易会减少吸引力，并让我们想要终止它？
讨论	考虑到他们的利益和无效谈判的结果，哪些论点能最有效地支持我们的提议？什么基准、标准、原则或先例可能对他们最有吸引力？他们会提出什么论点？
交易和让步	我们能给出什么？我们会要求什么作为回报？双方的谈判协议的最佳备选方案会如何影响我们的灵活性？谈判的时间或机会会如何影响我们的灵活性？

说明：我有时会在这些工具中使用复数，以便团队或小组可以一起使用。当你使用这些工具进行一对一的对话时，只需用“我”和“我的”来代替“我们”和“我们的”。

◇核心沟通练习

当我们具备足够的沟通技巧来对谈话进行引导时，谈判流程图才能发挥其有效性。在我们的模型中，这5个阶段都有特定的步骤，但关键的沟通技巧有时却可能会贯穿谈判全程。

1.多听，而非多说。我们在倾听他人这件事上花费的时间其实并没有我们想象中那么多。尤其是在我们紧张的时候，我们说的内容会比预计要说的内容多得多。尽力倾听他人可以加深我们对情况的了解，并提醒我们在谈话中采取学习的心态。

2.监控时间和议程。在约定好的交谈时间中，并非所有的冲突都能得以解决。如果我们只是困在某个特定的步骤上，或者是约定好的时间到了，那么我们就需要决定，是再约见一次，并提出一个简单的议程，还是跳过前面的内容，直接提出一个具体方案或最终方案。

3.以诚待人。我的同事劳伦斯·萨斯坎德经常说："做值得信赖的人，而不是盲目相信别人的人。"我们不需要通过欺骗或强迫他人来得到自己想要的东西，正如我们将在第6章中看到的那样，我们有办法回应对方的强硬策略，但这并不需要我们拿自己的名誉冒险，也不需要我们抛弃自己的价值观。

准备工作可以帮助我们知道自己该说什么、问什么、提什么。一个好的流程可以告诉我们如何以及何时采取这些步骤。准备和过程都极大地提高了我们取得良好结果的潜力。不过，练习才是关键。通过练习，我们可以表现得更好，等时机到了，我们便能掌控全局。

练习

请允许我在开头就说明：大声练习对话可能会让你觉得很荒谬。你可能担心这看起来很刻意，你可能觉得这会让你看起来很紧张，或者你可能认为自己无法跟一个未知的人模拟谈判一件未知的事。如果是当着别人的面练习，那么你可能会觉得不自然和尴尬，你可能还担心别人会评判你。

这些都是正常的反应。每个人都有这种感受。但要想发展掌控力，我们就必须克服它们。练习释放自己：一旦某种特定的技能根深蒂固，我们就不再需要为了让它运转而消磨自己的精神能量了。我们可以在各种场合轻松运用它，并把有意识的注意力放在其他具有挑战性的任务上，比如管理情绪或处理信息。凭着多年来指导个人和团队进行谈判的经验，我向你保证，练习真的有用。

这里有一些在谈判过程中常见的策略，它们对我们进行预演特别有用。其中包括：

○ 简洁且明确地确立或提出共同的目的、机会或挑战。

○ 提问，但不要带有批判性。

○ 回答重要的问题或棘手的问题。

○ 提出并解释提议或首选的解决方案，并论证其优点。

○ 表达拒绝时要明确，然后解释原因，但不必表现得怀有戒心。

当然，这只是一个初始列表。你可以考虑对你来说什么是最困难或最具挑战性的事情，并制定你自己的简短清单。

那么，你应该如何练习呢？独自练习，还是和其他人一起练习？对于谈判和其他复杂的技能，指导或反馈通常对我们很有帮助。为了掌控一些复杂的内容，我们通常需要通过几个小步骤，把行为或动作串联在一起，直到我们最终翻过一座山或完美地演奏完一首歌。只要我们掌握了关键动作，我们甚至可以进行即兴发挥和阐述，促使自己尝试新颖的方法来完成任务。

不要指望第一次就能做对。你尝试的变化和方法越多，你就越有可能找到既能代表你，又能让人信服，并且能有效表达观点的词语，同时你还能把你与其他人或群体的关系考虑进去。我的朋友达尔·威廉斯有一次在她的录音室里贴了一个牌子，鼓励自己创作并完成一个新组合的歌曲：敢于吸引。这才是正确的态度！

预演一场艰难的对话或谈判的方法有很多。我们会采取怎样的行动，取决于对话的重要性、我们可用的时间以及可收集的资源。在日常生活中，我会在独自开车回家时练习如何与商业伙伴进行简短的交谈。我会让朋友听听我的开场白，因为我知道这场与客户的谈话会很艰难。在开始涉及数百万美元的谈判之前，我经常为企业领导人进行模拟谈判，有时会有观察员旁听，有时还会有翻译进行同声传译。

你不需要观众来练习，你甚至也不需要预演伙伴。但你没有理由不进行练习，即使这只是模拟和你的家人或房东进行谈判。演员们总是独自预演台词，而在实际表演中，他们可能会根据其他演员而选择说不同的内容。

独自预演

独自预演是一种最低限度的练习形式。当我们身边没有值得信赖的朋友或同事时，这是个好办法。著名的俄罗斯演员、导演和导师康斯坦丁·斯坦尼斯拉夫斯基称之为动作单元或对话片段（发音为“节拍”），即演员每次预演只集中在一个单元。

在关键对话之前，我们也可以做类似的事情。我们可以仅仅练习一个关键步骤，比如我们的开场，或者练习如何回答刁钻的问题，以及如何回应对手可能使用的策略。如果你认为智能手机或笔记本电脑可以帮到你，那么你可以使用它们来录制音频或视频。但如果这样做会让你感到难为情，或者不利于你进行实战练习，那么你就不要这样做。

几乎每个人都会觉得预演一次谈话很奇怪。我们必须接受这样的感觉，就像我们预想自己站在跳板上那样，这时的水突然看起来不那么诱人了。刚开始，即使我们是在一个空荡荡的房间里大声说话，我们也会发现，我们有时会不知道该说什么或该怎么说。没关系，花点时间进行一下头脑风暴，然后再试一次。

另一种单独预演的方法是先练习一下，写下我们需要的关键句子，再试着大声说出来。特别是当我们情绪高涨的时候，写下来的词句可以让我们知道该从哪里开始。

此时此刻，你可能在摇头。“让我为了谈判和艰难的对话来大声预演，作者真的觉得这样很合理吗？”我真的觉得这很合理，因为我一次次看到它帮助人们更轻松、更清晰地进行了表达。我指导过商业领袖，他们需要从众多内部候选人中挑选新的高级员工，但又不想疏远任何人；我帮助过许多夫妻进行了他们婚姻中最重要的对话；我指导过一些团队，为的是帮助他们准备与政府部门或强大的商业伙伴进行谈判；我还训练过许多同事和朋友。在充满挑战性的情况下，练习是一种非常务实且有力的手段。它可以帮助我们找到准确的词句、恰当的开场白、回应批评或攻击的正确方式，以及提出解决方案的确切方法。

◇与伙伴一起预演

当我们面对艰难的挑战或谈判时，我们可以让一个值得信赖的朋友或同事帮助我们进行角色扮演。这个人不需要知道那么多的背景故事。我们可以花两分钟到三分钟解释这些问题和关系，描述我们将面临的人有怎样的行为举止和人格特质。如果我们预演的是回应某一特定策略或行为，那么我们也可以给朋友一些台词。记住，练习的关键并不是要完美地模拟真实的情况，而是为了让我们练习。正如我们将会在第4章中提到的那样，在预测其他人到底会说什么时，我们可能比自己想象中要准确得多。而且这并没有那么重要。问题的关键不是让我们自己做好准备，而是在收到信号后，就像事先预演的那样，在对方身上做出固定的反应。关键是要让我们在这种情况下听起来更自在，并尝试做一些调整，以便我们在沟通时更有效，在思考中更放松、更高效。

向我们的朋友或同事解释我们想预演的是什么，以及我们想要得到怎样的反馈和建议，这非常重要。我们的要求可以非常简洁明了，比如“我想保证自己表达得够清楚”，或者“我想保证自己听起来很坚定，但同时不要有怒气”。或者我们可以要求更多的开放式反馈，“我希望你能评价我使用的方法和我进行沟通的方式，以及我的提议是否清晰”，或者“我想知道我的解释和论点是否令人信服”。如果我们一开始就让对方给予更多的开放式反馈，那么这有助于让他们最终针对特定观点进行反馈。同时，寻求鼓励也很重要。有时候，这是我们最需要的东西。增强情感自信的一个关键工具是感觉他人与我们在一起，并与我们联系在一起。我们将在第5章中深入讨论这一点。让预演搭档说说我们哪些方面做得好，这通常是最好的开始。

进行小组会话

为了更好地理解他们与对手共同面临的挑战，越来越多的公司和团队开始使用某种形式的模拟谈判来进行练习。当我们作为团队的一部分处理冲突时，又或是当我们想要得到来自多个人的反馈时，更大规模的会议常常是有用的。

有时，我们可以邀请顾问或外部专家来扮演监管机构、律师或业务对手的角色。当存在实质性的财务、法律或技术问题时，向熟悉这些问题和情况的人寻求反馈可能会有所帮助。但我们不能因为他们有专业知识，并且扮演着对方的角色，就觉得他们能够准确地告诉我们，真正的竞争对手会有怎样的想法和感受。他们的猜测可能并不比我们的猜测好多少。

当参与者真正渴望寻求帮助，并且观察者没有提供过度负面的反馈或建议时，模拟谈判能带来最好的效果。当我们的教练或同事理解了我们的流程时，他们也能做得更好。

在更大的群体中，意见的数量不能太多，这至关重要。在一个运行不良好的模拟谈判中，人们会先进行一个持续10分钟的练习环节，接着由15个人对练习环节进行45分钟的批评，并提出23种不同的意见让谈判者做出改变。这简直是场灾难！为什么？第一，谈判者会表现出抗拒或者显得士气低落。第二，没有人能同时进行那么多调整。同时听到10种到12种不同的想法就足以压得人喘不过气来。一个好的主持人或教练知道如何管理这个过程，并提出一两个最有用或最重要的建议。

我们可以录制视频或音频，而且我们要关注谈判过程中团队的非言语行为和团队动态，而非关注个人。几年前，我参加了一个会议，由3名技术专家组成的团队练习向一家监管机构进行辩护。在他们练习完开场白后，我一句话也没说，我只是回放了视频。整个团队都大笑起来，因为当他们的同事进行简短演讲时，其他人看起来很冷酷，他们要么盯着桌子要么盯着自己的腿。他们没有看着说话的人，更不用说在关键点上进行点头或微笑来表示支持了。“你看起来并不相信自己的提议，”我温和地建议道，“如果你想让他们相信它，那么你就必须让自己看起来非常相信它。”他们又试了一次，区别显而易见。

◇预演的额外好处

与他人一起练习十分有帮助，其中第一个原因是，这能让竞争更加激烈。预演能让我们行动起来。即使是在走廊上与同事或朋友练习开场白或演讲5分钟，这也能帮助我们做得更好！

第二个原因是，预演会让我们接触到难以描述的情绪，包括我们自己的情绪，以及我们想象中其他人可能会表现出来的情绪。就像一个恐惧症患者逐渐暴露于她所恐惧的东西一样，练习可以帮助我们暴露在对手做出的行为和营造的情绪面前。它给了我们一个机会，让我们不要反应过度，它还让我们能够尝试用不同的策略和语言作为回应。当遇到难搞的客户、邻居或孩子时，如果我们已经练习过如何处理可能会遇到的各种行为和情绪，那么我们就没那么容易崩溃。

第三个原因是，预演可以帮助我们意识到自己意识不到的问题。我们以为自己听起来很权威，但对方可能会觉得我们表现得很抗拒或者很傲慢；我们以为自己这样做很尊重对方，但对方可能会觉得我们表现出了不愿意回应的姿态。

第四个原因是，预演可以引导我们修改或完善我们感知到的东西，并让我们验证自己的假设。大声提出一些东西往往会让我们意识到，我们其实并不确定他人的利益，或我们自己提供的信息的准确性。我们可能会因此发现自己甚至愿意承诺提供某些选项。预演这种做法促使我们更努力地思考其他人会如何思考或看待这种情况，并重新审视或修改我们的想法。我举办过很多模拟谈判，谈判小组经常会问他们的同事："我们真的会提出这个提议吗？或者我们应该直接终止吗？"

除了以上提到的这些，正如我们将看到的那样，我们还要增强自己的觉察力。因为尽管我们的大脑很神奇，但几十年的研究表明，当我们应对冲突熔炉时，我们倾向于走捷径，最终从更狭隘的视角看待世界。我们需要确保自己计划和预演的是真正存在的挑战，而不是想象中我们更喜欢或最担心的挑战。我们需要清楚地看到自己面前的挑战，以便我们能够明智地思考如何应对它。

第 4 章

觉察

自信的认知成分

机遇只偏爱那种有准备的头脑。

——路易斯·巴斯德

加里森·凯勒尔在《牧场之家好作伴》中描绘了一个叫乌比冈湖的地方，在这里，“所有的女人都很性感，所有的男人都很强壮，所有孩子的身高都在水平线之上”。这种说法不可能是真的，它展示了人性中一个常见的弱点：跟身边的人相比，我们更倾向于在脑海中放大自己的优势，而我们自己往往很难意识到这一点。

回想一下你上次遇到冲突的时候。你认为到底是谁的错，是你的错，还是别人的错？也许事后回忆起来，你会承认你们在这件事上都有错。但当时处在愤怒当中，你肯定坚信自己是对的，而对方是错的。对方同样也会这样想。你凭直觉就知道，说到冲突，故事总是有不止一面。

总体来说，自利偏差、寻求一致性和自我中心主义会影响我们的思想，让我们误入歧途。我将依次描述这些现象，并解释在准备谈判时，我们该如何减少它们的影响。

自利偏差

我们通常都会觉得自己公平、能干、开朗、善良。心理学家把这一点称作自利偏差，虽然这会让我们感觉更好，但这也会制造或加剧冲突。例如，当研究者要求一对夫妇分别估计自己所做家务的百分比时，他们综合估计的总数通常会超过100%。如果双方都认为大部分的工作是自己做的，那么他们之间会更容易发生冲突。其他研究表明：

○ 我们认为自己比别人更客观，我们会根据有利于自己的议程来决定什么是公平的。

○ 我们往往把成功归因于自己能力强，同时把失败归因于自己运气不好。

○ 在体育运动中，我们更容易注意到对方队员犯规；在有关争议话题的报道中，我们更容易在偏袒自己对手的文章中看到“媒体偏见”。令人感到沮丧的是，我们得到的信息越多，我们就越倾向于两极分化，这就是政治争论和纷争在美国可以持续几十年的部分原因：双方都在吹嘘自己最偏爱的事实和研究，并以此来证明自己一直都是正确的。

○ 我们认为自己拥有或发明的东西的价值远远高于其他人所认为的价值。例如，我有时会给研讨会中一半的参与者分发高档钢笔，让他们写下愿意售出该笔的最低价格，他们给到的结果是平均14美元。然后我再询问另一半的参与者，他们愿意付多少钱去买这支笔，他们给到的结果是平均4美元。难怪人们会在阁楼和储物柜里堆着这么多垃圾：我们以为埃塞尔阿姨的旧油画很值钱，但事实并非如此。

你可能会点点头，想着你认识的人怎么会产生这样的偏差。但同时他们也在点点头，想着你怎么会产生这样的偏差。你知道这些偏差是怎么运转的了吧？

我们并不是偶然演变成这样的。对我们自身及前景的乐观态度，有助于我们振奋情绪、保持努力、维护健康。总之，这有助于我们生存下来。

然而，在冲突中，自利偏差并没有那么大的帮助。这种有偏见的思维方式可能会导致我们：

○ 歪曲或误解某个问题。

○ 错过获得新信息和更优质信息的关键机会。

○ 忽略那些可能会让双方都感到更好的想法。

○ 提出糟糕的论点。

○ 想补偿损失时反而损失更多，甚至连老本都贴上。

○ 以破坏人际关系的方式行事。

认为自己是对的，而对方是错的，这会让你只想试图影响对方，而没有意识到我们也可以跟对方一起解决问题。

寻求一致性

我们希望世界跟我们想象中一样，我们希望自己可以预测事情的发展。大多数人在假设和评估时都表现得过分确定了。像《理性犯的错》《思考，快与慢》《顶尖名校必修的理性谈判课》和《可预见的非理性》这样的书，都是人类在评估情境、其他人和他们自己时所犯的各种错误的优秀总结，这些书还提到了这些错误让人们在谈判和决策中付出的代价。这并不是说人们都是白痴，而是提醒我们，思考的方式其实不止一种。

◇系统 1 和系统 2

你能听到精神齿轮转动的嗡嗡声吗？现在，你的大脑正在感知并理解纸张上的文字，帮助你呼吸，监测隔壁房间或户外的背景声音，并扫描可能优先于继续阅读的感觉或信号，比如突然的闪光，轻微的疼痛，孩子的哭泣或烟的气味。在大部分情况下，你往往意识不到大脑的这些活动。

这些任务每时每刻都由我们的直觉思维系统，即系统1来处理。从我们还是婴儿的那时起，直觉思维和自动思维就开始帮助我们了解什么是痛苦的，什么是危险的，什么是美味的，什么是舒适的，什么是熟悉的，什么是充满威胁的……它让我们知道蛇和蜘蛛是有毒的，它能帮助我们识别母亲的声音。从很小的时候起，我们就必须学会迅速确定对方是朋友还是敌人，他们想从我们这里得到什么，以及我们该如何与他们联系。因此，我们基于短暂相遇所做出的社会判断往往非常准确，但我们往往无法解释其原因。

在大多数情况下，直觉是我们的朋友，它使这个世界与我们保持一致。它更喜欢简单的解释；它更喜欢肯定那些支持我们现有信念的事实。它最喜欢的4个字是“确实如此”。不过，直觉也有一些明显的局限性：它很容易被突然想到的例子所推翻；它让我们倾向于寻找证实现有信念的证据，并忽视或淡化相反的证据。

当我们不能完成某项任务或理解某件事时，我们就会求助分析思维系统，即系统2。系统2负责更仔细地搜索信息，以及更慎重地进行评估和计划。当我们发生视觉错觉，或者看到一些没有意义或我们从未见过的东西时，我们的大脑就会切换模式，从系统1切换到系统2。例如，从别人的角度看问题，在交通堵塞的情况下选择一条新路线，做数学题，检查安全清单。

然而，系统2模式十分消耗能量，它就像一个大功率的空调。虽然我们的大脑只占我们体重的2%，但它消耗了我们20%的能量。大脑消耗能量的速度非常快，它在系统2模式下运行一段时间之后，就会默认转回系统1模式，只有在必要时才返回到系统2模式。

在冲突情境下，系统1模式容易让我们误入歧途。在谈判中，我们可能会因此过分重视第一个提出的数字，这就是为什么一些谈判者会夸大首次报价，而另一些人则从引用市场利率或其他基准开始。系统1模式还让我们认为具体数字比整数更可信。例如，承包商出价时，10012.75元比10000元感觉更合理，并且更难以调整，因此10000元看起来更像一个大致的估计，对方会更愿意进行谈判。当我们处于冲突熔炉中时，我们需要处于系统2模式，以便我们根据眼前的局势得出更仔细的结论。

自我中心主义

虽然停下来更仔细地思考一些事情可能会减少我们出错的概率，但是在某些情况中尤其是在高风险的社会情境中，它并不能保证我们的看法和评估不出错。我们也受到自我中心主义的支配。

自我中心主义不是任性自负或唯我独尊。相反，这是一种无意识的倾向，指的是一个人理所当然地认为其他人会跟自己一样，以同样的方式看待这个世界。当我们与他人发生冲突时，自我中心主义会导致我们出现以下思维错误：

1.**虚假共识。**我们会高估那些愿意相信我们所相信的东西的人的数量。例如，每个人都认为自己的社区是镇上最酷的社区，这是一首伟大的歌，或者生活成本上涨5%才公平。

2.**固定馅饼偏差。**我们常常想当然地认为，如果一个问题对我们很重要，那么它对我们的对手也很重要，这就导致我们预期中的冲突会比实际存在的冲突更强烈。我们假设“馅饼”是固定的，即对方的收益意味着我们的损失，因此我们得出结论，强硬的策略是得到我们想要事物的唯一途径。当我们生气的时候，我们更容易产生这类错误的假设，而生气是冲突中常见的情绪。

3.**反应性贬值。**我们会本能地贬低来自对方的建议或提案。我们认为：“如果这是他们所倡导的，那它就一定对我们不利！”如果彼此之间存在信任的话，那么这种情况就不太可能发生。

4.**基本归因偏误。**我们倾向于根据别人的个性、态度或意图来解释他们的行为，而不会充分考虑导致其行为的情境因素。例如，当你晚宴迟到的时候，你所知道的原因有：你的方向感很差，交通很糟糕，你必须停下来加油，你刚准备出发就接到了一个重要客户的电话。但是，如果你的朋友迟到一个小时，那么你会忘记考虑他所经历但你没有经历的所有看不见的情境因素。

错误的思维会如何影响我们的自信

第一，自我中心主义倾向可能会导致我们对谈判中可能发生的事情过于乐观。它们会使我们更倾向于选择那些支持我们想要的结果的事件、故事和解释。接下来，我们对连贯性的需求就会让我们更加牢固地抓住我们认为最有说服力的事实和论点，并抵制那些质疑它们的信息或证据。过于乐观也会导致我们以错误的方式为一次对话做准备，或者让我们认为自己根本不需要做准备。例如，我们在心里想："他们肯定会看到我们给了他们一大笔钱。"

第二，自我中心主义倾向也可能会导致我们对谈判中可能发生的事情过于悲观。当对手没有以我们的方式看待事情时，这种倾向会让我们得出悲观的结论。“我的论点是合理的、基于现实的，”我们这么想着，“对方的论点是不准确的。我一定是在跟一些无能的、不讲理的，或者完全不诚实的人打交道。”更具体地说：

1.**虚假共识**让我们假设，其他人会以跟我们一样的方式看待某种情况。当我们认为谈判会遇到困难时，我们可能假设其他人也认为谈判会遇到困难。

2.**固定馅饼偏差**让我们误以为，对我们最重要的东西对他们也是最重要的，而他们想要的东西与我们想要的东西完全相反。因此，我们对达成相互满意的协议不那么乐观。

3.**反应性贬值**让我们认为他们提供的一切都是不公平的；我们不相信他们的努力或提议会给我们带来好处。

4.**基本归因偏误**使我们得出结论，如果对方的首次提议令人失望，那么这就反映了他们总体的态度和意图。我们并不会认为他们可能面临着一些限制，而我们可能可以帮助他们解决问题。基本归因偏误让我们无法知道他们到底如何看待情况，以及对他们而言最重要的事情是什么，因为我们以为自己已经知道了他们会说什么或做什么，我们告诉自己：“他们就是这样的。”

第三，自我中心主义倾向还可能会让我们低估自己作为谈判者的能力。研究表明，如果我让你执行一项非常简单的任务，而你可以很容易地完成它，那么你会认为自己比其他人更加擅长这项任务。但试想一下，如果我让你做一道难度很大的数学题，玩燃烧的棍棒或骑独轮车，那么你会怎么认为呢？研究表明，你会认为自己的能力不如其他人。为什么大多数人在面对艰巨的任务时会认为自己比别人更无能？这是因为自我中心主义会导致你忽略一个明显的事实：任务很难，其他人也同样会觉得难，他们甚至还没有你做得好。这可能就是为什么很多人不仅不喜欢冲突，而且觉得自己处理不好冲突：自我中心主义倾向让我们对自己的能力得出了一个过于悲观的结论。

增强我们的觉察力

听到这些坏消息之后，你可能会对自己的判断比以往更不自信。你的感觉并没有错，研究表明，对某人不抱偏见是极其困难的，你甚至无法对某人不抱偏见。然而，我们每个人都可以做一些事情来克服这些倾向。首先，从增强我们的觉察力开始。

在冲突或谈判的情境中，当我们看到具体形势和可能的解决方案时，我们的视野就会扩大。无论我们是想让别人坐到谈判桌前，还是在谈判桌上达成一项互惠协议，拥有更强的意识都有助于我们看到更多的可能性。与其说服自己我们是对的，不如扩大我们的视野，增强我们的觉察力，这样做有助于我们提出问题，并培养学习的心态。无论我们是否准确，在我们必须处理某个问题之前，诋毁他人会让人产生些许满足感，但在这个时候，保持开放的心态更有帮助。

在看待冲突这一点上，变得自信并不是说要说服自己我们永远是对的，或者对方永远是错的。而是说我们可以通过一些技术来提醒自己，我们的直觉可能并不完美。这种意识可以帮助我们更慎重地应对手头的情况和挑战。从不同的角度看待问题会让我们看到全局，从而帮助我们花费更少的时间和精力来达成更有价值的协议。研究证明，通过别人的眼睛来看待问题会帮助我们做得更好。

为什么增强觉察力很难

研究表明，那些对自己的信念的准确性更有把握的谈判者，最终会比其他人对他们达成的协议更满意，这不是因为他们的结果更好，而是因为他们低估了可能的结果。“馅饼很小，”他们想，“我吃了大部分。”在陷入僵局后，谈判者往往会错误地相信，他们一直在做一件注定失败的事情，协议是永远不可能达成的。

同样，自我实现的预言也会让我们错过学习的机会。例如，我们在谈判中会表现出攻击性或看上去很死板，因为我们认为对方会这么做。然后，对方会用自己的方式来回应我们的攻击性或死板。这些自我实现的预言使我们证实了最初的假设：他们真的具有攻击性且很死板。我们从来没有意识到这种互动可能会有所不同。

虽然在其他情况下，我们能从失败和反馈中学习到东西，但在冲突中，这种反馈回路是非常不可靠的。这就是为什么用更系统的方法来思考冲突是有用的：它增加了我们找到更有价值的结果的机会。

无论我们是自信还是气馁、大胆还是害怕，我们都应该使用一些策略来鼓励我们的大脑转向系统2思维模式。

1.站在对方的角度思考问题。研究表明，在我们进入谈判阶段后，如果我们在应对冲突时能花费些许时间站在对方的角度思考问题，那么这可以帮助我们找到更有价值的解决方案。为了产生更好的解决方案，我们没有必要同情对方的感受。比起这个，更重要的是对方会如何看待这种情况，也就是要站在他们的角度思考问题。他们的关键问题是什么？对他们来说最重要的是什么？如果没有达成协议，那么他们认为自己会怎么做呢？他们认为别人会如何看待他们呢？特别是当情况看起来无望的时候，认真思考对方所处的真实情境是很有用的。我们很容易沉浸在思考糟糕的备选方案上，却忘记了对方的方案可能也不好。

2.不要害怕差异。当与他人建立联系时，我们都喜欢找到共同点。相似的背景、爱好、经历可以让我们建立融洽的关系。但在谈判中，寻找可利用的不同利益和偏好是很有帮助的，它们能让我们每个人都获得更多有价值的东西。

3.最后再关注公平。在争端和谈判中，我们倾向于迅速关注关于“公平”结果应该是什么的争论。我们可以就现行汇率或其他规范、先例做功课，如果有人要求我们这样做，那么我们应该准备好用一些事实和数字来支持自己的论点。但如果我们从争论谁的数字更合理开始，那么这往往会演变成关于立场的争论，从而有可能导致僵局或低效的“婴儿劈两半”式妥协的出现。在确认对方的利益和假设之后再讨论我们的首选方案或解决方案的做法往往更有效。只有这样，我们才能知道哪些妥协或解决方案对对方而言更有说服力。

4.遵守这个计划。在第3章中，我分享了一个谈判流程图，以说明我们在进行对话时应该采取哪些关键步骤。你要时刻使用它。这就像使用一张印有徒步旅行路线的地图，而不仅仅是凭借直觉穿过森林。

检查清单和提醒也很有帮助。正如阿图尔·葛文德在他的书《清单革命》中所说的那样，当我们身处复杂的环境，面对艰巨或复杂的任务时，清单能让我们集中在正确的事情上。一个好的清单能更加系统地引导我们的注意力，帮助我们做出更好的计划和决定。当清单很短，且当我们知道其含义时，检查清单的效果很好。我有一个客户，他只是写了6个字：最佳备选方案。这有助于提醒她，无论她多么渴望达成协议，仔细探究对方对当前解决方案的满意程度，并以这种心态而不是带着绝望来谈判总是更有意义的。

◇不要过度乐观

在冲突中，毫无根据的乐观主义和悲观主义都会削弱我们获得一个好的谈判结果的能力。我们是倾向于过于乐观还是过于悲观，这部分取决于我们自己的气质，部分受环境的影响，包括冲突情境中的人以及我们之间的关系。

研究表明，总体来说，在以下情况中，我们很可能对自己的观点和前景过于乐观：

○ 我们相信自己处于更好的位置，即使没有达成协议，我们也可以一走了之。

○ 我们拥有更大的权力，或者我们有权奖励或惩罚他人。

○ 我们习惯了感到强大，或者我们习惯了总能得到自己想要的东西。

○ 我们正在解决的问题似乎很容易；我们在过去也处理过类似的问题。

○ 我们希望对方能保持恭敬和灵活。

○ 我们与对方的关系对我们而言并不重要，也许这对他们而言也不重要。

○ 我们有一种自私的归因风格，即把失败归因于自己运气不好，把成功归因于自己能力很强。

○ 我们是外向型人格。

要让包括我们自己在内的骄傲之人回到现实中来是很困难的。研究表明，简单地告诉人们如何以不同的方式看待冲突并不会让他们改变观点，至少不会让他们马上改变观点。此外，预测确定性似乎会带来社会效益：一种“他们似乎知道自己在做什么”的效果。正如心理学家卡梅伦·安德森和他的同事所表明的那样，在一个小组中，哪怕那些对自己的预测感到最确定的人的预测结果并没有比其他人的预测结果更准确，他们也会得到其他小组成员最多的好评。

但过度乐观可能会阻碍个体进行有益的准备。如果你很容易感到乐观，或者有人站在你这边，请尝试以下措施：

1.进行事前检验。进行事前检验需要我们想象自己在未来的某个时刻苏醒，而这时最糟糕的结果已然发生：房客并没有同意我的要求，而是提起了诉讼；姐姐没有跟我说话；我的员工已经辞职了。在进行事前检验时，我们首先要对所有可能导致不良结果的事情进行头脑风暴，比如“我根本不知道他们想要什么”或“他们比我想象中更愤怒”。一旦我们列出了一系列假设的原因，我们接下来就可以将它们汇聚为一个个主题，比如，“我不理解他们的优先级”或“我表现不佳”。最后，我们要想想该采取怎样的措施来减少这些有风险的因素。事前检验能让乐观的人关注风险而非回报，这有助于他们平衡感知，并进行更准确的预测。

2.考虑到相反的情况。我们很容易就自己相信的情况进行争论。但是，世界上最好的争论家会认真思考可能出现的、最极端的相反情况，以便这种情况出现时他们能够有所准备。我们确信，我们对现行收费标准的研究为承包商的费用设定了一个无可争议的基准。但是，承包商可能提出的最有力的反对理由是什么？考虑到相反情况有助于我们想象这些可能性，以便在对方提出这些可能性时，我们不会做出防御性反应，而是能够提供令人信服的详细理由和论据来支持我们的主张。

3.回想一下自己没有那么强大的时候。心理学家发现，让人们简要地写下一个他们感到无力的时期，这会显著影响他们的感觉和他们对前景的展望。在使用系统2思维模式分析目前的挑战之前，提醒自信的同事，他们（或团队）的权力较小，这可能会避免他们过度乐观。

4.咨询顾问。受信任的第三方或专家可以检查我们的正确性。无论我们是聘请外部顾问、技术专家，还是咨询之前与其打过交道的人，他们都可以对我们的假设进行现实检验，并建议我们如何改进。例如，诉讼中的外部律师可能很了解法官，并且他还能识别案件中的漏洞。请房产中介对房子进行评估，这可能会帮助配偶一方削弱另一方对房子出售价格的确定性。

◇也不要过度悲观

我们有时也会对自己的观点过于怀疑，并低估自己成功谈判的可能性。在以下情境中，这种情况最有可能发生：

○ 如果没有达成协议，那么我们将面临可怕的后果或特别不确定的后果。在这种情况下，自我中心主义可能会阻止我们考虑他人的观点或不确定性，从而导致我们得出不明智的结论，即我们应该不计一切后果达成交易。

○ 另一方有更大的权力，或另一方拥有奖励或惩罚我们的权力。

○ 我们习惯了感到无助，也许是因为我们过去一直很贫穷或无能为力，也许是因为我们习惯了成为别人的牺牲品。

○ 我们正在解决的问题很复杂，或我们不熟悉这个问题。

○ 我们曾和对方有过不愉快的经历。在这种情况下，我们会花费大量精力试图管理多个目标，包括我们自己的结果、社交资本、情感、身体安全，因此，任务变得更加难以处理，我们对自己能力的估计也会进一步降低。

〇 我们希望与他人保持密切或持久的关系。

〇 我们陷入了一种悲观的归因风格，把成功归因于自己运气好或其他人的帮助，同时把失败归因于自己能力不行。

〇 我们感到焦虑，可能天生如此，可能情境使然。焦虑会导致我们缩小注意力范围和感知范围，被细节所淹没，从而失去更好的机会。当我们对谈判的前景感到焦虑时，我们往往会避免冲突，从而太快地让步或做出过多让步。

有4项举措可以帮助我们摆脱对某种情境的直觉性恐惧，从而让我们能更积极地进行计划。

1.进行成功预演。想象一下，经过努力，我们取得了一个非常好的结果，比如“他对我们的提议很感兴趣”或“他不像我担心的那样生气”。一旦我们考虑了可能有助于良好结果的因素，就把它们分成各种主题。最后，想想我们可以采取哪些步骤来增加这些可能性的发生。对于悲观的个人来说，进行成功预演是很好的做法，因为它关注的是奖励而非风险，这能促使他们采取行动而不是一直烦恼下去。

2.请记住，权力有很多来源。即使另一个人或另一方拥有比我们更好的退路，或者能够奖励或惩罚我们，我们也要时刻牢记，自己有能力提出一个得体的解决方案，展示主题专业知识，并提出一个强有力的先例、典型或原则。我们也有能力影响对方的声誉或对方未来的机会。不要担心我们需要他们多于他们需要我们，我们也有自己的优势。

3.回想一下自己很强大的时候。仅仅花5分钟回忆一个我们觉得自己强大的时刻和地点，就会改变我们的情绪和感知。做这个练习可以让我们走出悲观的状态，进入一种我们开始看到更多机会，并且感到不那么无助的状态。

4.寻求支持。多花时间与盟友待在一起或进行对话，这可以振奋我们的精神，帮助我们摆脱冗思状态。有压力时，我们获得的社会支持有助于我们的大脑更清晰、更有创造性地思考，并能帮助我们识别出更多由恐惧而非现实驱动的逻辑的跳跃性。

如果我们在面对冲突时感到过于悲观，那么我们还需要更多知识来提高自信。第5章关注的是我们该如何培养自信的情感成分。在风险和压力很高的时刻，保持沉着很困难，但这一点是可以做到的。请继续读下去吧！

第 5 章

沉着

自信的情感成分

宁静如花。既无感情，亦无冲突。

——西格蒙德·弗洛伊德

快问快答——自信的对立面是什么？首先浮现在我们脑海里的往往是一些情绪化的词：焦虑、恐慌、无助、怀疑。正如我们所看到的那样，自信可以被描述为一种能力，或者一种心态。但对大多数人来说，拥有自信或缺乏自信更像是一种感觉，而不是其他什么东西。

即使对专业人士来说也是如此。研究者金·利里、朱莉安娜·皮勒默和迈克尔·惠勒采访了20名经验丰富的谈判代表，他们发现这些谈判代表都“对谈判有强烈而矛盾的感觉”“即使乐观主义者也对谈判有不同程度的焦虑”。正如研究者艾莉森·布鲁克斯和莫里斯·施韦特发现的那样，焦虑会让谈判者对结果更加悲观，给自己设定更低的目标，更快地对提议做出反应，并试图更快结束谈判（大概只是为了把这件事做完）。

情绪会强烈影响我们在压力下进行思考和做出良好表现的能力。人们很容易把情绪视为需要克服的麻烦或弱点，但研究表明，在有压力的情况下，我们要鼓起勇气并保持沉着，不要抑制情绪，而要识别和管理它们。

更重要的是，我们无法摆脱情绪。经验取样法研究表明，大多数人（男女都一样）在一天中大约90%的时间里至少会感受到一种情绪。这并不是件坏事。有些感受是不愉快的，很少有人会喜欢痛苦、焦虑、嫉妒、怨恨、愤怒、厌恶、空虚或心碎的感觉。但情感在本质上对人是有益的。无论你认为自己是一个高度情绪化的人，还是一个比较平静的人，你可能都会赞成一点，那就是感受不到爱、欲望、快乐、骄傲、敬畏、满足、兴趣、惊讶和好奇心的生活是枯燥无味的。

情绪在我们的生活中很普遍，因为它们至少有两个关键的功能。第一，情绪可以帮助我们解释自己的经历，并做出更好的决定。这个人是友好的，还是怀有敌意？这种活动是有用的，还是无用的？我现在有危险吗？我现在应该放松一下，还是更努力地工作？

第二，情绪能帮助我们与他人建立深刻的联系，让人感到希望或满足，期待亲身经历不同的事情，欣赏他人以及他人的故事和想法。积极情绪和消极情绪对我们的生存都至关重要。

但情绪也让人疲惫，当我们不知道如何驾驭或应对它们时，我们就会遇到麻烦。当涉及冲突时，我们的情绪会通过以下几种方式来阻止我们巧妙地行动和行使良好的判断力。情绪会：

- 让我们误以为情况无望，并选择逃避。
- 让我们对机会或想法视而不见。
- 禁止我们进行创造性思考。
- 驱使我们以破坏人际关系的方式进行猛烈抨击。
- 让我们违背自己的价值观行动。
- 使我们错过与他人谈判和解决问题的机会。

然而，这只是一个简短的清单。

谈判对社会脑来说代价高昂

我的朋友兼同事吉姆·科恩是一名社会神经科学家，他曾经提出谈判是一种“非比寻常的社会互动”，这让我很吃惊。我请他详细解释一下，因为在我看来，谈判是司空见惯的事情。“我认为谈判并不是人类大脑天生需要处理的事情，”他解释说，“在人类发展的历史长河里，人类都生活在小群体中，他们在这种情况下很少会出现分歧，而且大多数人都有一整套共同的目标。这是我们大脑天生所期待的情况。因为谈判会让一段关系处于危险之中，所以它会让大脑觉得很艰难和不自然。这就是为什么人类创造了制度和规则来处理冲突。但是近年来，社会开始变得复杂，每个人都需要面临谈判。”

近几十年来，社会神经科学家对大脑组织的社会性质，以及人际关系在调节我们的感受方面的重要性提供了很多见解。人类是社会性动物，科学家正在关注我们的社会倾向和社会生态是如何塑造大脑的。谈判之所以让人感到很有压力，是因为冲突既可以促成相互合作，也可以导致竞争或背叛。

在冲突中前行就像在情绪雷区中徘徊一样困难：我们试图从那些可能帮助或阻碍我们的人那里得到我们想要的结果，我们同时还要调节自己的情绪并处理对方的情绪。冲突熔炉中的气氛之所以如此紧张，是因为我们的大脑天生就对来自他人的“是朋友还是或敌人”的信号敏感。每次谈判都会带来不同的考验。我们将如何定义和衡量成功？我们希望建立什么样的人际关系？他们想从我们这里得到什么？我们给他们这些东西要花多少钱？如果我们很努力，或者我们很容易被说服，那么他们会不会看不起我们？我们最容易受到哪种情绪的影响？在每一次交流中，我们都有很多收获和损失，其中很多都是在互动的表面下被感知、被管理的。难怪我们大多数人发现，要在冲突中努力保持情绪平衡，也就是保持沉着，是对我们自信的最大挑战。一般来说，在我们每天经历的所有压力中，最大的压力来自人际冲突。

冲突中 3 个常见的情绪诱因

我们对其他人在冲突中的行为的感知，会引发我们各种强烈的情绪。在这些时刻，我们要么会取得好结果并加深关系，要么就是沮丧地走开，甚至彼此之间彻底决裂。

在涉及冲突或潜在冲突的情况下，有3个常见的情绪诱因：

○ 当我们认为难以实现目标时。

○ 当我们认为存在不公平的情况时。

○ 当我们认为存在违反人际关系期望的情况时。

请注意，在每一种情况下，我们都能感知到一些东西。当我们监控别人的行为时，明智的做法是使用这些句式：“看起来……”“听起来好像……”“感觉像……”

这种语言（即使它仍然在我们的脑海中）提醒着我们，我们总是在解释别人做了什么或说了什么。我们会一直将自己的所见所闻与自己的假设和信念，比如应该发生什么，他们的感受和信念应该如何，他们该如何行事等进行比较。其他人是在帮助我们实现目标，还是在阻碍我们实现目标？他们对我们公平吗？他们的行为方式是让我们害怕还是放心？他们是在赞扬还是在贬低我们？请记住，我们在谈判过程中的情绪不只是发生了这么简单，它们来自我们听到的、看到的和思考过的东西。

◇实现目标受挫

当协议达成或解决方案有进展时，我们可能会感受到积极的情绪，比如兴奋、希望、满足、快乐、骄傲或解脱。但如果我们认为达成协议的可能性有消退或放缓的迹象，那么沮丧、愤怒、失望或担忧的情绪就会沸腾起来。在谈判的最初几分钟，当我们的对手谈到他们的期望时，我们可能也会感受到极大的希望。但随着情况的进展变慢或遇到障碍，我们可能会感到担心或愤怒。如果我们在某些方面有了进展，在另一些方面却没有进展，那么我们就会感受到混合的情绪，这可能会让人感到困惑。当我们认为自己错失了机会，比如我们提出的解决方案被忽略了时，我们自然而然会感到焦虑。

◇违反公平性

人类和其他灵长类动物有一种根深蒂固的公平感。公平总是相较而言的，我们要么与自己心中的标准相比，要么与别人得到的结果相比。一个人提出看似不公的意见或说法会引发强烈的情绪，包括愤怒、嫉妒、悲伤、怨恨、焦虑等。

如果我们认为某个过程不公平，那么我们就会产生一系列更强烈的情绪。研究者发现，如果我们觉得达成一个决定的过程是公平的，那么我们中的大多数人都愿意接受一个自己不喜欢的决定。这就是调解和其他形式的协助谈判十分有益的其中一个原因：除了帮助人们达成更好的交易外，一个好的调解人还可以贯彻执行一个让参与者感到更安全、更公平的进程。

◇违反人际关系期望

人际关系期望指的是我们期望被如何对待。当我们与自己亲近或依赖的人发生冲突时，违反人际关系期望的情况会引发我们强烈的情绪，我们将在第7章中看到这一点。但即使我们与一个以后永远见不到的人谈判，或者与一个关系一般的人谈判，我们仍然会对人们应该如何处理该情况抱有期待。例如，客户可能认为，卖方应该时刻对客户表现出尊重。或者，两位同事可能对怎样以专业的方式处理工作上的分歧存在不同看法。

有时我们会感到信息和传递方式之间的不匹配。例如，在工作场所，许多人都默认通过电子邮件或短信的方式进行批评或投诉，然而面对面处理这些情况会更好。尽管他们这么做是为了防止自己太焦虑，但信息的重要性和媒介的客观性之间的不匹配可能会让收到电子邮件或短信的人觉得不受尊重。一个众所周知的例子是坦帕湾海盗队的热门主教练洛维·史密斯被电话解雇，美国职业橄榄球大联盟的其他教练对此表示失望。

人际关系期望会受到社会规范的强烈影响，尤其是以下这3个规范：

1.与身份相关。不管我们是否意识到这一点，我们都抱有一种信念，那就是别人该如何跟我们进行交流。违反人际关系期望的情况往往与地位或权力有关。当别人表现得高高在上，或暗示他们比我们更有经验、更有知识或更有洞察力时，我们往往会感到生气。当一个孩子回嘴，或者当有人在交谈中不承认我们的身份时，我们往往会变得愤怒或尴尬。当一个几乎不认识我们的人亲密地称呼我们时，我们往往会变得警惕或紧张。

2.文化差异。不同文化的沟通方式和行为规范有所不同，在行事或沟通时不小心违反文化期望可能也是潜在的触发因素。例如，在重视和谐的文化中，直接表达自己对陌生人的愤怒或厌恶或许是不可想象的，而在重视自我表达的文化中，人们往往会更直接地表达自己的感受。第一次去意大利的首都罗马时，我刚转弯就看到两个人在停车位上打架，双方都在大喊大叫，疯狂地比画手势，他们的脸挨得特别近。在我来到意大利之前，我刚刚在日本和泰国待了一个月，这两种文化之间的对比令人震惊，我甚至觉得这两个人会杀了对方。但他们并没有。他们互相叫喊了一会儿就走开了。与日本人不同的是，意大利人经常将积极和消极的情绪公开地表达出来，甚至在陌生人之间也是如此。同样地，在

20世纪80年代，我从美国东北部搬到加利福尼亚州后发现，我的新朋友似乎很反感那些让新英格兰人团结一致的幽默咆哮，他们回应说，或许我应该尝试瑜伽或风筝冲浪。积极情绪被认为是一种加强联系的好方法，但消极情绪一点都不酷，朋友。

3.生理反应。违反人际关系期望最极端的情况，发生在他人让我们感到尴尬、不安全或我们受到威胁的时候。他们可能说话太大声或咄咄逼人，不断向我们逼近，肢体过于随便，提出了暗示和含蓄的威胁。这些违反身体规范的行为会引发情绪的变化，以及其他一系列生理反应。我们的心率会加快，同时皮质醇等压力激素的释放会激活大脑的边缘系统，这个系统是人类大脑中与情绪有关的部分，它负责为战斗或逃跑反应做好准备。为了解决这个问题，我们可以说出困扰自己的内容是什么（“你现在越来越吵了，这让我很害怕。”），采取行动（提出休息一会儿），或者改变话题。如果我们重视这种关系，那么我们应该在以后找时间以请求的形式直接或间接向对方提供反馈。

总体来说，最好的办法是远离持续的威胁，因为除非我们能保持冷静，并感受到安全，否则我们的大脑无法一次性解决很多问题。在亲密关系中，对方可能会改变策略（“好吧，对不起，对不起。”），并提供安慰，从而继续解决问题。

不仅其他人会影响我们在谈判中的情绪，环境因素也会对我们在谈判中的情绪产生影响。

环境因素如何影响情绪

如果触发器是火柴，那么情绪就是火。虽然有些人会比其他人更容易焦虑或暴躁，但每个人的情绪都有好有坏。心情较好的人往往更容易合作、更慷慨、更有创造力。当我们对情绪没有察觉的时候，情绪很容易影响我们的感知力、判断力和行为。因此，如果可以的话，那么我们可以通过改变环境中的一些因素，来让我们与对手都有好心情。即使我们无法控制环境，我们也要意识到环境因素对谈判的影响。

社会心理学家发现了以下几种通过改变环境因素来改变人的情绪的方法。

◇环境因素

1.气味。气味会影响一个人的感知力、判断力和表现力。难闻的气味会让人不那么喜欢某事和某物，也会让他们缺乏创造力并变得更加吝啬。好闻的气味能让人产生更好的情绪，让人更自信、更慷慨，让人更雄心勃勃地设定目标，让人更好地解决问题。在一项研究中，在香味宜人的房间中谈判的被试设定了更高的目标，做出了更多的让步，更有可能在未来与对方进行合作。

2.时间。尽管人们在一天中不同的时间段有不同的感觉，但研究表明，大多数人在中午感觉最好。

3.噪音。无法控制的背景噪音可能会让人产生负面情绪，使他们不太可能与他人合作。

4.天气。在阳光明媚的日子，人们觉得自己的生活更加快乐。

这些因素并不总是在我们的掌控之下，而且它们可能也没有我们想象中那么重要。研究表明，只要我们能意识到这些因素，我们就能在无意识中重视它们，它们带来的影响也可能会因此减少。例如，研究者诺伯特·施瓦茨和杰里·克洛里发现，如果在进行生活满意度评级之前询问了被试当前的天气状况，那么天气就不会对被试的总体生活满意度产生影响。

在我们进行谈判时，扫视一下谈判所在的房间是很有必要的。当我们想要对情况或环境进行控制时，仅仅意识到这些因素的存在就会减少它们对我们的情绪的影响。如果谈判所在的房间中存在能够刺激我们情绪的人或摆设，我们可以承认其存在，并且在心里给这些人或摆设命名。

生理因素

心理学家和神经科学家已经发现，情绪也可以被一些生理因素所改变。

1.食物。如果我们不得不进行一场艰难的谈话，最好在吃饱的时候进行，最好确保对方也吃了东西。饥饿不仅会影响情绪，还会直接影响谈判的结果。管理学教授沙伊·丹齐格和他的同事发现，以色列的假释法官在早上上班一开始的时候，批准假释请求的概率能达到65%。然而，这个比例在整个上午都在下降，在午饭前降到了零，即没有通过任何假释请求。午餐过后，假释批准通过率又回到了65%！下午也出现了相同的情况：休息一段时间后，假释率从零上升到了65%。即使在控制了犯罪的严重程度和许多其他因素之后，这些模式仍然保持稳定。连法官自己都震惊了，他们认为在一天的不同时间里，自己执行法律的方式并没有什么不同。对这一现象的解释是，一个装了足够食物的胃可以激活我们的副交感神经系统，而副交感神经系统的活跃会让我们更沉着，从而做出更慷慨、更配合的判断和行为。

2.刺激。咖啡因已被证明可以在充满压力的任务中让人振奋。但是如果我们处在一个高水平的压力状态中，我们可能不需要摄入太多咖啡因，因为这种状态下的我们心率会加快，焦虑感会更强烈。

3.睡眠。任何一个人都知道，睡眠不足时人会比平时更加易怒。此外，睡眠不足还会让我们更焦虑，更缺乏创造力，学习和记忆信息的能力下降。圣母大学的杰茜卡·佩恩是一位在睡眠领域的权威研究者，她负责指导领导者和团队实现最佳表现。她制定的简单的干预措施引发了决策方面的重大改进。例如，她指导过的团队不会在会议结束后立刻做出关键决定；相反，他们会等到第二天早上。同样的道理也适用于冲突：当我们疲惫时，我们就不太可能进行学习，以及产生新的想法和选择。我们在此时的弹性较弱，因此我们很难调节自己的情绪状态。如果我们在精疲力竭时无法重新安排谈判，那么我们必须意识到，自己可能会比平常更加悲观。

4.疼痛。慢性疼痛已被证明会导致焦虑、易怒和抑郁，但情绪和疼痛之间存在着复杂的关系。心情越差，疼痛感就会越强烈。如果我们因为受伤或其他身体方面的原因而感到疼痛，那么我们最好做两件事：（1）在谈判前让自己尽可能地舒服。（2）在谈话过程中考虑到自己的疼痛。例如，如果我们的疼痛程度很高，那么我们可以提出请求，不在会议中做出任何关键决定，而是推迟做出决定的时间，或者我们可以选择安排一系列的短会议而不是一个长会议。

5.姿势。管理学教授达娜·卡尼和埃米·卡迪发现，在进行一项具有挑战性的任务之前，摆出一个常见的“能量姿势”可以促进睾丸素的释放，从而增加我们对风险的偏好。你可以这样做：以典型的超人姿势或胜利姿势为例，手臂叉开或伸展，双脚分开站在地面上。

6.面部表情。有时候，我们可以仅仅通过微笑来改善自己的情绪。在一项研究中，研究者让被试横着咬一支铅笔来模拟微笑的样子。在实验过程中，比起什么都没有做的对照组被试，这些被试发现漫画更有趣。简单地要求人们进行情绪表达，对情绪也有类似的影响。在紧张的情况下微笑或大笑可能会改善你的情绪。

7.锻炼。对于谈判者来说，锻炼有好处也有坏处。研究者阿什利·布朗和贾里德·库尔汉发现，害怕谈判的人如果在锻炼的时候谈判，而不是在坐着的时候谈判，会感觉更糟，谈判效果也更差。但对于更自信的谈判者来说，在谈判过程中走路或锻炼会让他们表现更好、感觉更好。原因是什么呢？当我们害怕谈判时，我们的大脑会将我们的生理唤醒解释为“焦虑”；当我们感到乐观时，这种生理唤醒会被解释为“兴奋”，从而激励我们采取更有助于成功的行动和策略。如果我们对即将到来的会面感到乐观，在会面前轻快地散个步可能会让我们更有活力；但如果我们对即将到来的会面感到焦虑，那么不锻炼可能是更好的准备方法。

我们可以通过身体和环境来提醒自己，哪些因素可能会影响我们当前的状态，以便在必要时采取行动来改善我们的情绪。除了观察对方的言行举止，我们还可以把表5-1打印出来，不时地看它，以了解我们的情绪状态和导致它的原因。

表 5-1 影响我们的情绪的因素

环境因素	生理因素
气味	食物
时间	刺激
噪音	睡眠
天气	疼痛
	姿势
	面部表情
	锻炼

我们已经涵盖了在谈判过程中常见的3种情绪诱因。我

们也谈到了可以产生更好的或更坏的情绪状态的生理因素和环境因素。不过，在谈判中，还有一个情绪诱因，那就是你自己。

知道你要怎么做

人与人之间在4个关键方面存在情绪上的差异：

○气质。

○情绪觉察水平。

○元情绪倾向。

○应对方式。

当你读到下面的这些内容时，想想你自己的状况。在第9章中，我们将讨论一些工具和技术，你可以使用它们来识别自己的倾向，并在提升和调整你自己时把它们列入考虑范围。

◇气质

几十年来，尽管关于人格的理论和测量人格的工具非常流行，但是它们还不够完善。但在过去的25年里，关于人格的实证研究围绕着同一个理论模型聚合起来，50多个国家的数千项研究和实践都得出了相当一致的结果。

这个理论模型有时被称为“人格五因素模型”或“大五”人格理论，它包括5个主要的人格因素或特质：神经质（情绪稳定性）、外向性、开放性、宜人性和责任心。请注意，一些因素名称的含义已经超出了它们的流行定义。例如，外向性意味着积极的情绪或社交能力，而不仅仅是一种外向的倾向。

每种人格特质都包含6个“面”或子量表。在我们的主要特质得分中，基因的贡献率大约为一半，人们发现，这些人格特质的变化与特定脑结构的大小变化相对应。当我们接近30岁的时候，我们中大多数人的5种人格特质会基本确立下来，但特殊的事件或环境的改变也可能会导致它们发生变化。随着我们从青年时期步入老年时期，我们会变得更友善，消极情绪更少，对新事物的开放性更低。

但是，一个人产生消极情绪（与神经质有关）和积极情绪（与外向性有关）的倾向是不相关的。一个人可以一高一低、两者都低，或者两者都高。一个人自我报告的人格特质倾向很大程度上与亲密的朋友在这个人身上看到的倾向相符。人们在情感强烈程度的感受上有所不同。有些人的生活没有那么多戏剧性的高峰和低谷，而有些人则深切地感受到了各种积极和消极的情感。这些差异在我们儿童早期就可以检测到，它们往往贯穿我们大多数人的一生。

无论是积极情绪还是消极情绪，大多数人感受到的情绪的强烈程度都处于中间位置。如果你在消极情绪方面得分很高，也就是你更容易焦虑、抑郁、愤怒、绝望、冲动，并且你有更强的自我意识，那么你应该鞠躬表示感谢。为什么呢？因为神经质水平较高的人（我是其中一员）更擅长发现威胁，采取保护行动，或提醒他人。虽然焦虑对个人来说是一种负担，但在面临潜在威胁时，焦虑可以保护群体，从而使群体受益。

高度外向性的人对奖励更敏感，也更善于追求奖励。他们在零和谈判的情况下表现更差；他们更容易专注于别人的第一个提议，他们会更容易、更快速地做出让步，也许这是因为他们追求的是达成协议的感觉，无论其质量如何。

我们当中那些宜人性高的人，在与他人打交道时更倾向于信任他人、更有同情心、更有礼貌，他们在零和谈判中也表现得不好。这种人天生就是从属关系，他们喜欢把别人放在第一位。

发现并拥抱我们的生物学倾向是一种解放自我的方式。在更加个人主义的文化中，人们试图花费大量的金钱和精力使自己更快乐。虽然已经有证据表明，我们有办法做到这一点，比如拥有充足的睡眠，维持健康的人际关系，学会感恩，但理解我们的潜在倾向也是明智的做法，这样我们就可以根据自己的生物学倾向制订计划并采取行动，而不是与它们作斗争。

在我们思考某种情境，权衡是否进入或回避某种情境，以及决定如何在这情境中行动时，我们的人格特质会让我们确定更明确的方向。如果一个人总体上是个焦虑的人，那么当他鼓起勇气面对某人的问题行为时，他可能会十分焦虑，从而很难在谈判中保持冷静和专注。

但这并不意味着我们无法培养自信，或者无法取得伟大的成果！据报道，篮球巨星比尔·拉塞尔在比赛前经常紧张得生病，但他仍然是篮球史上最伟大的球员之一。许多演员和音乐家都有严重的表演焦虑症，但他们仍然取得了惊人的成功。即使是大公司的首席执行官，他们自我报告的焦虑程度也有很大的不同。

管理气质

对于我们这些在神经质特质上得分较高的人，也就是我们这些更容易产生消极情绪的人来说，认识和接受自己的气质是一种明智的做法。我们可能会比其他人更容易焦虑或气馁，并且处于这种状态中的时间更长。然而，我们可以做一些事情来让自己振奋起来。

1.重新解释感觉。对感觉进行重新评价或重新解释是很有帮助的。例如，把焦虑视为兴奋，或者把愤怒看作渴望一个好的过程或一个公平的结果。同样，我们可以重新定义或重新评价谈判这种情况：把它看作一种机会，而不是一场战斗；把它看作学习的机会，而不是说服的机会；把它看作一种挑战，而不是麻烦。哈佛商学院的艾利森·布鲁克斯已经表明，简单地将焦虑重新解释为兴奋（比如“我很兴奋！”或者“我要兴奋起来！”）可以帮助人们更自信地完成后续充满压力的任务。在我们准备谈判和进行谈判时，将紧张或恐惧重新解释为生活常态而不是末日的迹象，是一个强有力的举动。

2.招募盟友。无论我们只是需要有人倾听我们的问题，还是希望有人帮助我们集思广益，甚至与我们一起参加会议，盟友的存在都会对大脑产生显著的影响：他们可以让大脑中与疼痛和痛苦相关的部分平静下来。如果我们让他人倾听我们的处境，问问题，给建议，并提供安慰或支持，那么我们就会更清楚地思考，感觉更好，并可能会得到一两个好建议。当我们与某人发生冲突时，我们可能会因为很多原因而不对外人提起这件事。但是，与值得信任的顾问或朋友谈论冲突往往对我们有帮助。作为一个在几十年里指导过很多人和团队的人，我可以肯定地说，每个人在应对冲突和关系问题时都会感到焦虑，这是很正常的，你完全可以寻求专业人士或朋友的帮助。

3.做你自己的盟友。体育心理学家发现，让运动员进行积极的自言自语，比如“我能行”，可以提高他们的成绩，使用第二人称进行积极的自言自语，比如“你能行”，对于运动员成绩的提高可能更有效。研究非运动员的心理学家也发现了同样的情况。在准备演讲时，一些被试默不作声地用“你”或自己的名字自言自语，而另一些被试在准备演讲时用“我”自言自语。平均而言，前一组的人比后一组的人感觉更平静、更自信，他们的演讲也被观众认为更好。通过说“你可以这样做”来与自己保持一定的距离，这似乎可以帮助我们更好地调节情绪。

如果我们在神经质方面的得分较低，那么我们在冲突中可能会比其他人感到更少的压力和内心动荡。然而，我们也更有可能在谈判前准备不足，因为积极的情绪会导致人们进行不那么密集的心理分析。为了平衡这一点，我们可以找一个更容易感到焦虑的人，他更有可能促使我们提前进行系统思考，而不是“摇摆不定”。出于同样的原因，请记住，那些看起来不那么精力充沛或不那么乐观的同事，并不一定对我们的想法缺乏热情或对我们缺乏信任。他们可能比我们更专注于预估一个令人失望的结果并为之做准备。当我们因为他们的焦虑或悲观感到沮丧时，我们应该记住，他们在特定时刻的情绪可能更多与他们内心发生的事情有关，而不是与我们正在做的事情有关。我们应该感谢他们，因为他们会确保我们不会收到令人讨厌的惊喜。另外，你要记住一点，那就是与我们在谈判桌上打交道的人可能比我们更容易产生负面情绪，并且他们可能需要更缓慢或更谨慎地处理事情。

情绪觉察

人们的不同之处在于，他们能在多大程度上轻松且详细地说出自己的感受。有些人是感受情绪的大师，他们能够轻松地体会到自己的情绪，并经常描述微妙的混合情绪。例如："我很高兴托尼的团队赢了，但我们的团队输了，这让我很失落，我甚至有点儿嫉妒对方。"平均而言，女性在描述自己和他人的情绪方面比男性做得更好。

在冲突中，强大的情绪觉察能力对一个人是有帮助的。这意味着我们可以告诉别人我们的感受，或者我们可以更准确地监控自己的感受。我们可以更谨慎地选择应对方式，而不是仅凭冲动来行动或做出反应。然而，这种觉察增加了我们被困在自己的感觉中的可能性，阻碍了我们采取行动解决可能导致这些情绪的问题或情况。如果你对情绪有高度的感知，那么请你记住，虽然这个特点可能是你的优势，但如果你因为专注于情绪而阻碍了行动，那么这个特点也会拖累你。

管理情绪觉察水平

情绪觉察水平较高的人必须记住，其他人可能无法做到你这样。你可能会惊讶于有多少人无法说出情绪的名字，他们可能会说“我感觉很糟糕”或“我想捶打某个东西”。对于你谈论情绪的能力和意愿，他们可能会表示反感。

你还要记住，你在情绪觉察方面的流畅性可能会导致你默认使用以情绪为中心的应对技巧，比如谈论情感。因此，我们要用以问题为中心的应对技术来平衡这一点，也就是说我们要专注于那些有助于解决问题的具体想法、建议和行动。

对于那些情绪觉察能力不强的人来说，他们很难体验到并说出自己的感受，他们可以试试使用情绪清单，比如附录中的工具7。

◇元情绪倾向

元情绪这个词最初是用来描述父母对孩子的情绪表达做出反应的方式。从本质上说，它的意思是“对情绪的感受”，它指的是当我们体验到一种情绪或目睹他人表达某种情绪时，我们可能会受到家庭、同伴或更广泛的文化规范的限制，对此产生特定的反应。这些条件性反应通常会无意识地发生，但它们会对我们在冲突中如何体验和表达情绪产生重大影响。

例如，我们可能会为自己的愤怒感到羞愧，或者不敢流露出骄傲之情，或者因为自己被某人吸引而感到内疚。这些反应可能发生得非常快，我们常常难以意识到这一点，因此我们有时会在产生第二种情绪后绕过第一种情绪。例如，当我们提出的约会邀请被拒绝时，我们会感到失望和悲伤，但我们发现悲伤会立即变成愤怒。

我们的元情绪风格很重要，因为这与冲突熔炉有关。当我们发现自己或他人身上存在负面感觉时，我们中的有些人会非常痛苦。这些反应是针对特定情绪的，每个人都有关于这些反应的复杂而精确的混合，我们很难理解自己身上的这种混合，也很难破译别人身上的这种混合。我们可能不愿意谈论自己的恐惧，但谈论自己的愤怒却没有问题（反之亦然）。我们对情绪的感受会让我们将自己的注意力和精力从我们正在谈判中解决的问题上转移开。

如果我们要管理元情绪倾向，那么我们首先要意识到自己的气质和自己对特定情绪的感受。然后，我们就可以思考，当我们感觉到某些情绪时，重新定义它们是否有用。比起“哦，垃圾，我感觉好紧张！”，“嘿，我的焦虑老朋友又来找我了”这样的回应更有成效！

我们对别人的情绪的感受是怎样的？这件事情十分复杂。目睹他人的情绪爆发会引发一系列的假设、恐惧和冲动，这些假设可能基于现实，也可能不基于现实，而且可能不利于我们解决手头的问题。面对一个学步儿的尖叫声，有的成年人会恐慌，有的成年人会给予他关注和指导，有的成年人会责备他，有的成年人会忽视他。（育儿小贴士：关注和指导会让孩子更健康、更聪明。）

我们对他人的感受与特定的人和情况有关。假设我们与对手的关系对我们来说根本不重要，如果他们对我们的提议表示失望，那么这可能不会对我们有太大影响。然而，如果我们十分重视这层关系，那么他们的负面反应就会令人担忧。

权力动力学也很重要：研究者发现，那些比对手更强大的谈判者不太关心对方的感受，而那些感觉不那么强大的谈判者则会更加密切地关注对方的感受，并更认真地对待这些感受。

请记住，权力有许多不同的类型，其中也包括满足他人情感需求的能力。当亲密关系对他们来说很重要时，即使是最有权势的人也可能会感到脆弱，或表现得恭敬、顺从。据说，美国前总统罗纳德·里根非常依赖他的妻子南希，并且会在重要决定上听从她的决定。作为当时美国的领袖，里根在政界比南希拥有更多的权力，但里根在情感上却依赖于南希，这让南希在他们的婚姻中拥有更多的权力。

◇◎应对方式

在应对压力情境中的复杂情绪时，不同的人可能有不同的方式。有些人更关注如何进行自我安慰，他们采用的是以情绪为中心的应对方式；有的人更关注如何解决问题，他们采用的是以问题为中心的应对方式。

1.**以情绪为中心的应对方式**包括分散注意力（做其他事情），寻求快乐（通过食物、饮料、娱乐活动或锻炼），让自己平静下来（通过冥想、渐进式放松练习或呼吸练习），向朋友倾诉以及写日记。

2.**以问题为中心的应对方式**包括分析、组织、收集信息，进行计划，寻求建议或支持，以及重新定义问题。

这些策略能帮助我们管理情绪，但它们不能帮我们处理任何可能会导致情绪产生的事情。这两种应对方式都有其用武之地。研究表明，当我们无法改变一种情况时（比如一个朋友去世了，或者我们被困在距离陆地很远的轮船上），以情绪为中心的应对方式会更有帮助。但如果我们能对一种情况做些什么，以问题为中心的应对方式通常是一个更好的选择。频繁使用以问题为中心的应对方式与较低的压力水平和更稳定、更积极的情绪相关。说起冲突和谈判，我们会面临所谓的应对方式悖论：如果我们认为自己在冲突或谈判中没有成功的希望，那么我们就会采取以情绪为中心的应对方式。然而，这可能会降低我们成功谈判的机会。

性别和应对方式

通常来说，女性会比男性更频繁、更强烈地体验到消极情绪。在一项研究中，女性被试报告说自己每天都会感受到压力，并且随着时间的推移，她们会感受到更多的压力。这也许是因为在大多数文化中，女性的社会经济地位平均比男性要低。女性和男性的压力来源也不同。女性报告说，她们在健康和人际关系方面更容易遇到压力，而男性的压力则更多源于财务和工作。另外，女性比男性更常使用以情绪为中心的应对方式。研究者发现，男性比女性更容易通过饮酒或服用其他物质来逃避不愉快的情绪，而女性比男性更容易担心和处于冗思状态，以及陷在一种情绪中出不来。

在人际冲突中，比起男性，女性的生理反应通常更多，皮质醇这种压力激素的增加幅度通常更大。这些研究反映了人们越来越重视保护社交资本和管理消极情绪——冲突熔炉的构建和经历方式存在性别差异。

将我们的应对方式变得多样化

如果你不确定自己倾向于选择哪种应对方式，那么你可以使用附录中的工具9，即应对策略测试来更好地理解自己的倾向。在某些时候，有意培养一种与你默认使用的方法不同的方法会对你有帮助。

请记住，如果你在谈判时认为坏结果不可避免，那么你可能会采取以情绪为中心的应对方式，比如让自己冷静下来或逃离现场。虽然这些方式可能有用，但随着时间的推移，以问题为中心的应对方式更为强有力，因为它们能消除或减少压力来源。

当你发现自己倾向于采用以情绪为中心的应对方式，但是采用以问题为中心的方式可能更有成效时，你可以提醒自己有意识地遵循第3章中的谈判流程图（表3–1）中的步骤。如果你在进行谈判准备时遵循一套系统模式，并将一系列关键进程考虑在内，那么你对谈判的感觉会更好。这意味着要站在他人或另一方的立场上，认清隐藏在立场之下的利益，如果无法达成协议，就要采取措施改善我们的解决方案。为了掌控谈判局面，你可以在脑海中准备一个计划，并与一个值得信赖的朋友或伙伴大声演练其中的关键内容。

另一个以问题为中心的策略可以帮助你在情感上建立更坚实的基础，那就是保持好奇心。一想到自己必须赢得争论或者想出绝妙的点子，你往往会变得不知所措。相反，请提出以下的问题:

〇我想学些什么?

〇其他人真正想要什么?

〇他们为什么要这样做?

〇他们是怎么看我的?

〇我为什么这么紧张?

〇对我来说最重要的是什么?

一个减轻压力的好办法是，把冲突想象成一个需要解决的谜题，而不是一场需要赢得的战斗。

然而，对于那些喜欢逻辑和分析的人，以及那些喜欢直接切入问题的人来说，在紧张的谈判期间、之前和之后，对他们的状态、情绪和身体需求进行评估可能会让他们受益。为什么？因为忽视或压抑情绪并不能让它们消失。相反，那些被忽视或压抑的情绪往往会在我们最冲动的时候以有害的方式流露出来，进而限制我们的意识，并阻碍我们采取巧妙行动的能力。

考验自信

在接下来的3章中，我将重点讨论谈判中的特殊挑战。在第6章中，我将教你如何应对难缠的人和有难度的战术。如果你曾经遇到过那些喜怒无常、恃强凌弱或采取强硬策略的人，那么你就会知道要和他们进行富有成效的谈判有多难。

同样具有挑战性的是那些与我们最亲近的人，他们似乎拥有超自然的能力，总是能激怒我们或让我们闭嘴。我将在第7章中着重介绍如何在亲密关系中建立自信，从而更有效地进行谈判。

在第8章中，我将解释代表他人进行谈判是如何增加谈判的难度的。因为我们不仅要处理谈判桌上的部分，还要应对我们自己的团队成员或小组成员。代表别人谈判需要我们付出额外的努力来保持掌控、觉察和沉着的状态。

第 6 章

敌人

处理强硬的策略

我们没有进行足够的科学研究来寻找对付混蛋的方法。

——比尔·沃特森

对杰里来说，早上的通勤不太顺利。刚工作不久的他即将参加职业生涯中最重要的会议，这种感觉就像是被拖进了刑场。

上周，他收到了客户方的采购经理凯特琳的一封信，凯特琳在信里要求杰里的公司将费用削减25%，并威胁说如果不照做，他们就会“把业务转到其他地方”。杰里来到会议室，喝下一口咖啡，挺起胸膛，敲了敲门。凯特琳带队的谈判团队坐在桌子对面。当杰里进来的时候，他们也没有站起来。

杰里小心翼翼地说道：“对不起，我迟到了。”当他的目光与凯特琳的目光相遇时，他觉得自己的脸涨得通红，心跳也加速起来。

他尝试敞开心扉。“很高兴能和你进行合作。我们没办法在不改变工作内容的情况下削减25%的费用。但我已经准备好与你们商量，看看我们可以如何做到令双方都满意。”

凯特琳翻了翻眼睛，然后身体前倾，眉毛挑了起来。她像对着低能儿一样，慢慢地说道：“这太令人失望了，杰里。我们不是来商量的，也不是来调整工作内容的。要么你们把服务价格降到市场价格，要么我们就把生意给别人。你们的服务价格超出标准了。市场已经发生了变化。你们不再有竞争力了。”

杰里勉强笑了笑，反驳道：“嗯，我认为我们其实是很有竞争力的，如果你看——”“杰里。”凯特琳举起了手，她的脸上有一种无聊的表情，但她的声音和眉毛都扬起了，“不好意思。我不是来听理由的。我必须做对我们公司最有利的事。”当杰里试图插话时，她继续说：“我想我们到此为止吧。”她站起来，轻快地向门口走去，后面跟着她的两个同事。“我会给你一天的时间考虑。”她回头喊道。

当门关上时，杰里的大脑里一片空白。他的心跳开始加速。他试着平静下来，呼气，然后从椅子上坐起来。凯特琳代表的是他最大的客户，而他的选择似乎只有失去客户或做出让步。这两种结果都将对他的职业生涯造成巨大打击。

杰里现在怎么办呢?

在我们的生活中，与强大的对手打交道可能是最令人焦虑和最令人有压力的经历之一。这不仅是因为我们的目标与他们的目标相冲突，或者他们对公平或合理的定义有不同的看法，而是当我们试图管理情绪，保持融洽关系，以及实现我们的物质目标时，他们表现出似乎只有一种结果的样子：得到他们想要的东西。

这可能是真的，也可能不是真的。他们可能会有策略地使用情绪，通过表达他们并没有真正感觉到的情绪来影响我们。但他们的动作、语气、语言和面部表情都传达了一种明确无误的印象："我的目标很重要，你的目标不重要。我并不在乎是否能与你和睦相处。你的感受只是你的问题。"难怪我们的计划被打乱了。对方犯下了基本归因偏误，却似乎不用受到惩罚。

面对强硬策略时实现掌控

与一个采取强硬策略的对手打交道时，坚持表3-1中概述的谈判流程图会更具挑战性，但也更加重要。记住，掌控意味着建立一种思维习惯，系统地思考一种情况的组成部分，以便我们可以与他人讨论。我们仍然需要发现潜在的利益和问题，创建一整套解决方案，并分析如果无法与对方达成一致，那么我们将何去何从。在做这一切的同时，我们需要留心并抵制对手夺取谈话控制权的企图。

尽管凯特琳表现出这段关系似乎并不重要的样子，但杰里应该花时间仔细考虑一下，如果凯特琳把生意撤出来，那么他的公司会处于怎样的境地，同时凯特琳的公司又会处在怎样的境地。即使杰里想不顾一切地保住业务，他也不能忽略一点，那就是凯特琳的公司是否会很容易地找到新的服务供应商。

花些时间分析这种情况，这有助于我们站在双方的立场进行系统思考，而不仅仅是做出直觉性反应和情绪性反应。要达成一致，我们就要把人从问题中分离出来，当我们面对难相处的人时，这是一个很好的开始。然而，这依旧需要我们尝试解决这个问题，也许对方不会提供任何帮助。为此，我们需要在脑海中勾勒出如何继续下去的地图。

有句老话说得好：“谋无术则成事难，术无谋则必败。”我们既需要战略又需要战术，因此一个全局性的过程图是必不可少的。我们手中的地图将帮助我们解码对方的策略试图实现的目的，并解码我们何时可能会偏离一个相对高效的流程。

表3-1中的流程图是一个起点，但我的建议是，你要牢记基本的顺序（确立、探讨、创造、决定、总结），并用自己的话来定义与你所面临的情况和时间最相关的战术。它可以简单到1—2—3（框架问题，探索选择，决定），也可以比这复杂得多，比如在十分复杂的技术谈判或政策谈判中，在重新组合之前可能需要将问题拆解。我们越清楚事情接下来将如何推进，我们就会越清楚对手的行为是如何偏离原定轨迹的。专注于过程而不是我们自己的情绪，我们才能在谈判中变得强大。

注重过程也意味着我们通常需要在一开始就花时间讨

论如何进行谈判。当杰里说“我们没办法在不改变工作内容的情况下削减25%的费用”时，他犯了一个错误，因为他直接回应了凯特琳的要求。一个更有力的回应是：“好吧，很高兴我们今天仍能坐在这里讨论。我知道你们需要我们大幅削减费用。我现在想多了解一点推动这一趋势的因素，然后探索其他的可能性，并给出几个可能对我们双方都有利的建议。”让我们想象一下这会如何开展：

凯特琳：“我们可以这么做，杰里，但我在这里告诉你，除非你降价25%，否则我们就没什么好谈的了。”

杰里：“你当然要做对团队最有利的事情。但请你帮助我理解这25%来自哪里。为什么是25%？你的目标是什么？”

注意，杰里没有在这里说不，也没有道歉或恳求。他正在重塑这个过程，并试图获得更多的信息。但只有当他知道一个好的过程应该是什么样子的，以及他在这个过程中的目标应该是什么时，他才能做到这一点。

同样，当我们制定会议议程时，迅速说明我们希望会议如何进行往往是有用的做法。当他们说出“你必须降低价格”或者更糟糕的事情时，我们可以说：“好吧，听起来价格很重要。让我们花一分钟时间来讨论一下我们将如何进行下去。我想多了解一下你的目标和你担忧的事情，并解释一下我们的目标。”

1.调用关系。当一个人或一个群体的言语或行为显示这段人际关系似乎并不重要，但我们怀疑并非如此时，一个解除戒备的沟通举措就是将我们想要的人际关系列为共同问题的一部分。例如，在他们批评我们的提议，含蓄地威胁要退出后，我们可以说：“很高兴我们今天能见面，我想我们需要想办法削减成本，同时继续为你们提供优质服务并维护我们的良好关系。”

如果与近邻发生争执，那么我们可以说：“谢谢你今天过来。我们想找到一种方法，让你可以继续练习打鼓，同时保持我们这边的平静。对我们来说，保持好的邻里关系非常重要。”如果对方公开宣称他们一点也不关心未来的相处，那么我们需要判断这是否属实，并相应调整我们的方法。有时，我们可以让事情变得简单一点，放弃维护人际关系。为什么我们要解决3个问题，而他们只解决一个？

2.用你的方式说“不”。想想你的“不”听起来是什么样子的，这很有用。有些情况下的“不”对人际关系的影响不大，有些情况下的“不”则会彻底毁掉一段人际关系，其中有很大差别。我非常喜欢的一个方法是比尔·尤里的“是—不—是”公式，在谈判的情况下，这个公式听起来可能是这样的：

是：我真的很想确保我们今天能有一个好的结果。

不：我不能同意你的提议……

是：……但我愿意努力工作，想办法给到你想要同时我可以接受的结果。

3.反驳他们提出的策略。敌人是不会帮我们摆脱困境的。他们只会用新的战术打得我们措手不及，或者用他们屡试不爽的战术让我们频频受挫。对方使用强硬策略意味着他们想要证明他们是对的，而我们是错的，或者我们别无选择，只能同意。在谈判中有一些常用的强硬策略，如果我们能说出这些策略的名称，预测对方的举动并进行相应的演练，那么我们就会变得更强大。表6–1给出了如何识别和应对4种常见的强硬策略。

表 6-1 4种常见的强硬策略及处理方法

强硬策略	举例	处理方法
极端提议	“我每周只能做1天，其余6天你来做。”	**询问公平性：** “告诉我为什么你只能做1天。” “怎样才算公平？” **用同样夸张的提议反击：** “我本来指望你能坚持一周做6天呢。所以很明显，我们需要弄清楚一些事情。” **建议一个不同的过程：** “嗯，看来我们在可行性这个问题上分歧很大。不过请你告诉我你现在的处境，也许我们能想出一些可行的办法。”
立场声明或要求	“我在这个项目上的报价不能低于3万元。”	**从利益角度重新构架或询问：** “你有预算限制，对吗？” “为什么是3万元？这个报价是怎么得出来的？”
锚定	“现行价格是每小时100元，我认为这个价格挺合理。”	**把锚放在上下文中：** “100元每小时的报酬对某些类型的工作而言是可以接受的，但对于更有经验的人来说，我认为他们的薪水应该接近200元每小时。在这么短的时间内，我的同事通常每小时收费250元到300元。”

续表

强硬策略	举例	处理方法
锚定	“现行价格是每小时100元，我认为这个价格挺合理。”	**不同意对方并进行调整：** “我不同意你的说法，但在我们讨论公平的问题之前，我们能不能花更多的时间谈谈整体情况以及对你来说最重要的东西是什么？报酬是我们今天需要解决的最重要的问题吗？”
最后通牒	“要不要随你便。”	**分析无效谈判的结果：** 他们的无效谈判的结果是什么？他们真的会走开吗？我们的无效谈判的结果是什么？他们的条款是更糟还是更好？ **将僵局重新定义为一种选择：** “我们中的任何一方都可以离开，但这对我们双方来说都代价高昂、风险巨大。” **让他们改为说“也许”：** “我不确定我是否能同意。请帮助我理解你为什么提出这些条款。是什么使它们显得公平？它们如何满足你和我们的利益？” **忽略它：** “谈一谈你今天想要得到什么，看看我们是否能想办法帮你得到它。”

◇寻找合适的话语

演练如何进行回答对我们是有帮助的。在我们考虑了对方对这些战术的看法之后，最好有个人对我们实施这些战术，这样我们就可以实地练习如何应对。即使我们最终在实践时听到了一些不同的声音，或者说了一些与我们准备好的内容不同的话，提前进行演练也有助于我们保持沉着。我们的脑海中会有一种声音在说："我知道这会发生。没什么大不了的。来吧。"

当我们与一个令人生畏的人或令人讨厌的人打交道时，这个人可能会使用强硬的策略，或者他在特定情况下比我们更强大，这时演练是我们进行脱敏疗法的一种方式。脱敏疗法能帮助人们逐渐克服恐惧，比如从看蛇的照片到抓起一条蛇。

在冲突的背景下，第一步是思考我们害怕对方会说出什么话，以及思考对方会用什么样的方式说话。什么样的言语或情绪会触发我们？让我们感到愤怒？让我们感到焦虑？想想冲突熔炉：对我们来说，风险是什么？这段人际关系有多重要？我们最关心的东西是什么？无论是我们自己的情绪，还是对方表达出来的情绪，哪些情绪最令人不安？

在谈判中，负面情绪最常由以下因素引发：

〇实现目标受挫。

〇违反公平性。

〇违反人际关系期望。

我和我在哈佛大学的同事发现，即使对那些经验丰富的商务谈判人员来说，写下他们最害怕听到的话，也为他们的演练提供了一个强有力的起点。写下我们可能会面临的威胁、批评和要求，可以让准备工作变得更加具体、更易于管理。

写下可能的触发因素，或者与盟友进行讨论，这只是第一步。我们也需要进行练习。我们真正说出来的话与我们想说的话往往大相径庭。如果我们的朋友或同事能提供帮助，那么我们可以让他们扮演另一个人的角色，来说一些我们认为最烦人或最令人不安的事情。一旦我们让自己接触到这些行为或言论，尤其是当盟友能帮助我们想出应对措施时，它们就变得不那么可怕了，它们就更容易被解决了。

应付强硬策略最具挑战性的一个方面是，强硬策略会迅速限制我们的思维。当处于系统1思维模式的我们在谈判中被逼到墙角的时候，放慢脚步并且转换到系统2思维模式并不容易。但这是必要的。系统2模式下产生的好奇心不仅有助于我们保持开放的心态，还有助于我们表现出有利于解决问题的行为。花些时间仔细、慎重地评估我们的选择，这种做法可以避免我们因为一时的不愉快而做出糟糕的决定。

在处理强硬策略时保持觉察

为什么有些人会像混蛋一样谈判？他们会通过一种似乎断绝人际关系和引发消极情绪的方式，来努力争取自己想要的东西。让我们分析一下上面案例中提到的凯特琳。对于她表现出的强硬态度，我们可以做出以下解释：

1.她是一个令人讨厌的人，她会这样对待每个人。她可能是一个反社会者。

2.她对杰里怀恨在心。

3.她认为如果要进行有效的谈判，就需要提出要求并进行威胁。

4.在这种情况下，她觉得自己很强大，因为杰里的公司会不顾一切地想要保住业务，其他公司也已经屈服于类似的威胁。

5.作为一名采购负责人，她会因此获得奖金，而她真的很想拿到奖金。

6.她听说杰里将大幅度加价，于是她以降价作为反锚定策略开场。

7.她承受着巨大压力：如果不能削减成本，那么她就会失业。

8.她的心情很糟糕，因为发生了别的事情，或者因为她在心理上或身体上感到不适。

9.她试图给自己团队中的某个人留下好印象，这个人曾暗示她过去对杰里太宽容了。

当然，凯特琳做出这种行为的真正原因也可能与以上这些解释无关。事实是我们不知道她为什么会这么做。我们不知道她是否会继续威胁要退出合作。我们不知道她是真的想要降价25%，还是只是提出了这个要求，并希望最终实现降价10%。

但如果你和大多数人一样，那么你可能会发现解释1或解释2最有说服力。她看起来就像个混蛋。当人们在我们面前表现出攻击性或表现得情绪化时，他们的行为是我们看到的最显著的事情。基本归因偏误会让我们本能认为，这真是个混蛋！这就是系统1思维模式下的我们会产生的想法。但是，在这种情况下切换到系统2思维模式其实对我们更有利。我们需要在紧张的时刻保持觉察，这意味着培养训练有素的好奇心，训练有素的好奇心指的是我们强迫自己接受的好奇心。根据我的经验，以下3个解释最有可能：

1.心态：她相信这是有效谈判的方式。凯特琳可能认为谈判意味着表现出竞争性。也许她的导师或老板就是这样做的，或者她是从书本、课程或电影中学来的这一点。如果我们把这理解为人们只是做自己熟悉的事情，而不是做一些吓人或具有破坏性的事情，那么他们的行为就没有那么具有威胁性了。

2.激励：组织制定的狭隘的或特定的激励政策驱动着她这样做。有时候，公司会根据很狭隘的目标来衡量和奖励谈判者，比如完成一笔交易（无论实现多差或多好的承诺）或削减开支（而不管这对公司的长期影响或风险）。我们可以称之为谈判中的误判问题。我们的短期利益（“我必须得到折扣。”）可能会掩盖我们的长期利益（“我们需要更多的利润，否则我们作为一家公司将陷入困境。”）。即使在我们的人际关系中，我们也很容易变得过分专注于赢得一些小的好处，却因此损害了自己的长期利益。

3.权力：她认为自己比杰里更有力量。人们可能会因为各种因素而感到强大：资历，正式的权力，对所需资源的控制，有一个很好的谈判协议的最佳备选方案。平均而言，男性比女性更有竞争性、更自信，但随着他们在组织中的权力的增长，男性和女性都会变得更加自信。心理学家保罗·皮夫及同事的研究表明，比起穷人，富人更不慷慨、更不信任他人、更不愿意帮助他人。而亚当·加林斯基及同事的研究表明，只是诱导人们感觉强大，就会导致他们更不关心别人的想法和感觉。简而言之，感觉强大会让我们更自信。

人们很容易就他人的性格缺陷或秘密意图武断地得出结论。就像斗牛士避开奔跑着袭来的公牛一样，我们也应该在谈判时远离系统1思维模式。训练有素的好奇心是实现这一目标的方法。这可能不会改变对方的行为，但会让我们有一个更强大的心态，让我们更不容易下意识地做出反应，而且最重要的是，给我们留出更多时间。

在处理强硬策略时保持沉着

有时，别人称呼我们的方式远比他们使用的词更让我们震惊。有时候当我们的大脑还在处理信息时，我们的情绪就会被瞬间点燃。当有人对我们表达负面情绪时，我们的生理反应可能会瞬间出现。在第5章中，我们提到了一些你可以用来保持沉着的关键动作。

但是我们该如何处理对方的情绪性行为呢？当有人在我们面前做出情绪性行为的时候，我们是做出反应，还是冷冷地威胁要做一些更恶劣的事情？当有人侮辱我们，或把我们当傻瓜对待时，我们该怎么办？我们很难提前预演这些情况，因为很多情绪的表达是依赖于语境的，同一句话可以有不同的意思，这取决于谁来说、什么时候说。例如，相比弱小的人对强大的人表达的愤怒，强大的人对弱小的人表达的愤怒会产生更大的影响。相比孩子的愤怒对父母所产生的威胁，父母的愤怒对孩子所产生的威胁更大；相比下属的愤怒对老板所产生的威胁，老板对下属的愤怒所产生的威胁更大。研究者发现，只有当谈判者的愤怒被认为是真实的时候，对方才会做出更大的让步，否则愤怒就会被忽略。

处理他人复杂情绪的第一步是提高我们的情绪觉察水平。情绪行为具有特定的社会功能，理解它们并说出它们的名称对我们很有帮助。

愤怒

表达愤怒意味着有人侵犯了我们的界限。它还能传达“住手！”“那是我的！”“不要再那样做了！”等信息。在亲密关系中表达愤怒可能是一件好事，这意味着一方或双方在向对方发出信号，告诉他们说了或做了什么不对的事。然而，愤怒会让一些人感到不安，特别是当一个陌生人，或者一个比我们强壮的人，又或者一个掌握着我们所关心的资源的人表达愤怒的时候。当有人向我们表达愤怒时，我们应该按照以下关键步骤来回应：

1.采取措施来确保自己感到安全。监测我们的心率和恐惧程度；让对方退后一步或平静下来；在谈话中休息一下。我们也可以邀请其他人，比如同事、治疗师、教练等参与进来，帮助我们制定规则并管理对话。

2.确认。暂停一下，确认或询问我们看到或听到的东西。例如："我看到你对此很生气。"

3.把情绪和问题分开。有些人在冲突中一旦觉得他们不会得到自己想要的东西就会感到愤怒，但这并不意味着我们就应该给他们。

4.测试愤怒是真实的还是一种策略。有些谈判者会假装愤怒，希望以此向对方施压，迫使对方做出让步。说出我们所看到的东西，然后问对方为什么如此愤怒，可以帮助我们看清真正的问题，或者确定这是否只是一种策略。

◇批评和贬低

批评（以及它更具破坏性的表亲——蔑视）暗示你在某些方面有缺陷或应该受到责备。批评通常表现为“你总是或你从不”的形式，这不同于抱怨，抱怨是指对他人的行为表达不满。“我希望你把车停得离我们家近一点”是一种抱怨。如果对方说“把车停在一个街区外，这太像你了”，那么即使对方在说这句话时面带微笑，语气轻快，这也是一种批评。批评还包括约翰· 戈特曼和吉姆·科恩所说的“消极读心术”。例如：“你根本就不在乎我的节目，你根本就不想来，对吧？”贬低是对整个群体的批评。例如：“这是他们的典型做法。”

批评很常见，但具有很强的腐蚀性。来自配偶的频繁批评是未来离婚的4个预测因素之一。批评几乎总是伴随着两种反应的至少其中之一：防御或反批评。“那不是真的！”“我没有！”，以及其他带着抱怨语气的回复都是防御的表现形式。防御会导致更多的批评，我们最终会陷入批评与防御的循环，从而偏离解决问题的道路。“也许是这样，但你总是开着灯”是一种反批评的形式，反批评也不利于解决冲突，甚至会加剧冲突，让我们远离手头待解决的问题，转而关注彼此的不足。

那么，我们能为此做些什么呢?

1.别上当。认识到批评和抱怨的区别，以及批评与防御的陷阱。我们可能被迫多次误入陷阱。当我们意识到自己处于批评与防御的陷阱时，我们可以建议停一下，或者让对方描述他们想要什么，而不是对方不想要什么。

2.命名和重塑。当我们听到人们说“你总是”或“你从不”，或者当我们听到人们把问题归咎于我们本身，而不是我们的行动或想法时，我们可以要求他们说具体一点。我们要让他们知道，我们知道自己的行动、想法或建议是不受欢迎的，但是把它们进行个人化是没有任何好处的。批评别人的人有时并没有意识到他们是在针对个人，一旦我们指出这一点，他们可能就会后悔或内疚。我们可以根据需要解决的问题，重新定义包含“总是”或“从不”的批评。通过告诉对方“我们需要一种方法来确保这不会发生”，我们可以把对话从防御模式转向解决问题的模式。

◇蔑视

当批评出现时，蔑视有时会紧随其后。蔑视是一种混合了愤怒和厌恶的情绪，它对人际关系的伤害比批评更大。它传达了一种不尊重人的信息，表现为讽刺、嘲笑、翻白眼和侮辱。蔑视的作用是通过贬低他人来轻视、伤害或羞辱对方。因为蔑视是对个人的伤害，在面对蔑视的时候要保持沉着是极其困难的。我们可以尝试以下技巧：

1.将蔑视重新定义为怀疑主义。这种做法可以将别人对我们表达的情绪转移到双方正在解决的问题或正在做的事情上。例如："你似乎对我所提出的价格有些怀疑。这是为什么呢？"

2.要求对方进行抱怨。我们也可以这样说："你似乎对我的建议有非常强烈的反应。那么，能不能告诉我你最关心的想法是什么？"让对方指出问题所在，我们就可以把讨论转移到抱怨上（关注问题而不是我们自己）。我们可以将特定的抱怨作为共同问题的一部分来处理。

◇盛气凌人

盛气凌人是指试图通过强迫别人同意我们的想法、意见、要求或陈述来控制局面。盛气凌人最常见的非言语表现形式是身体前倾，下巴下垂，眉毛扬起，手指指向他人或戳着他人，头歪向一边。案例中的凯特琳的行为举止就有些盛气凌人。盛气凌人的表现包括：

1.**不停地说话**：不停地说话，如果有人试图打断，那么说话者的声音就会更大。

2.**无效性**：宣称某人的做法或说法不对，比如“你不知道自己在说什么”。

3.**说教**：引用权威，或采用模棱两可的说法，比如“每个人都同意我的观点”。

4.**低球技巧**：用事先确定的答案提问，比如“我们不应该为你的错误付出代价，对吧？”

好消息是，尽管盛气凌人听起来很可怕，并且大多数人觉得这真的很烦人，但戈特曼的研究表明，盛气凌人对人际关系的破坏性不如批评或轻蔑。为了管理盛气凌人的行为，我们可以尝试以下5种方法：

1.重新定义他们的行为。在我们看来，这是一种旨在控制局面的防御策略。即使这种行为令人恼火，我们也可以通过简单的思考来化解这种行为："哇，这个人是霸道冠军呢！"这样一来，我们会变得更平静、更有耐心。

2.释放信号。我们可以举起一只手或做个手势表示自己有话要说，这会为我们腾出一些时间。

3.取得发言权。当他们最终结束发言，或者当他们表示我们可以进行回应时，我们可以感谢他们的评论，并（因为知道他们会试图打断）请求在接下来的几分钟里发言。

4.表达愤怒。有时候，我们可以通过简单的"停下！"或"够了！我现在可以说话吗？"来表达愤怒。记住，愤怒意味着某种形式的边界侵犯。如果我们简单而坚定地表达愤怒，那么有时我们的对手就可能不会再使用愤怒来作为自己的谈判策略。

5.和盟友一起出现。当对方表现得专横跋扈的时候，有盟友在我们附近对我们很有好处。我们可以与自己的盟友进行眼神交流，以帮助彼此平静下来，当我们取得发言权或表达愤怒时，盟友可以验证你的反应是否合适。当有人在那里提供帮助时，你就更容易重新控制局面。

◇失望

我们不可能总是让所有人都满意。当别人对我们表示失望时，我们会因为让他们失望而感到内疚，或者因为无法与对方达成一致而感到焦虑。我们可能不想让他们失望，尤其当我们是讨好型人格者时，我们可能会有强烈的冲动做出某种让步。

强硬的谈判者通常会假装失望，这是一种试图让对方立即做出让步的行为。即使这个人的失望是真实的，控制我们的冲动也有助于我们重新校准自己的情绪和有意识的回应。不要急着去安抚对方，学习两个新习惯会很有帮助：

1.保持沉默。有时候，如果我们担心对方不喜欢我们的提议，或者对方习惯让我们感到内疚，那么最好的办法就是在他们回应后保持10秒钟的沉默，以便他们能够进一步做出详细解释或说明。这将阻止我们为了安抚他们而冲过去道歉或让步。相反，失望可能是重新解决问题的前奏。

2.确认并询问。面对他们表达出来的失望，我们可以问他们一些问题，而不是道歉或让步："好吧。为什么这令你失望呢？它到底有什么不足之处？"我们可能会对他们看重的东西有新的了解，或者我们可能会发现他们的回答并不一致，也就是说，他们有可能是在虚张声势。

威胁

为了影响对方，人们有时会巧妙地利用威胁。在谈判中，他们通常会表示，除非条件得到满足，否则就退出谈判。"这是我们最后的报价，同不同意随你便。"根据对局势的分析以及我们在这一进程中所处的位置，我们可以对威胁做出反应。

像"我要伤害你"这样的人身威胁显然比战术威胁在情感上更有害，尤其是当这些威胁是由更有权势的人用愤怒或轻蔑的方式表达出来的时候。在这种情况下，通常最好是说出对方使用的策略并结束对话，然后改变沟通或谈判的过程，引入外部帮助，比如聘请代理人或律师。例如，我们可以这样进行回应：“你在威胁我，我现在不想继续这样下去。如果我们需要继续谈下去，就需要一个更好的流程。”

请注意：即使我们比别人更强大，我们也应该这样回应。个人威胁往往会导致事态升级。包含个人威胁的最后通牒也是如此，比如“明天带钱，否则你将陷入一个痛苦的世界”。这不是谈判，这是恐吓，这是一种意味着你的安全受到威胁的影响策略。最好的办法就是停下来，去寻求帮助，避免事态升级。

当你想要放松自己的时候，你要保持冷静

毫无疑问，面对一个严厉的对手，保持冷静是很困难的。但是，在本章中，我们应该坚持关键的两点。

第一，如果我们能招募盟友，那么强硬的战术就不会让人感觉那么具有威胁性。心理学家发现，当我们有朋友在场时，山会看起来不那么陡峭，我们也不太可能屈服于与我们意见不一致的人。社会神经科学家发现，当我们受到威胁

时，如果我们握着别人的手，我们会变得更沉着，即使是陌生人的手也能起作用。即使我们不能带着盟友参加会议或谈判，我们也可以寻求他们的帮助，让他们作为教练或顾问来帮助我们应对挑战，我们可以在谈判中场休息时给他们打电话。

不要犹豫，放手去争取这种支持吧！这并不是软弱的表现，这更像是给引擎加油，具体来说，是给我们的神经系统加油，以便它运行得更好。盟友可以帮助我们在压力环境下更有效地思考和行动。

第二，如果我们感到不知所措或火力不足，最好休息一下，在思考几分钟、平静下来或者与盟友商量之后，再重新开始。同样，我们也可以请某人或雇某人来代表我们进行谈判，或者雇第三方调解人来帮助我们平静下来并维持一个更有成效的过程。我们可以决定终止这段人际关系并采取B计划。当我们感觉失去控制时，最好停下来，而不是即兴发挥。

在紧要关头，当我们知道自己有选择或自己可以求助他人时，威胁就不那么具有威胁性了。提前做一点工作，找一个帮手，改善谈判协议的最佳备选方案，这些做法会让我们觉得自己可以改变或推进谈判过程。

决战 VS 爆发

我们不可能预测生活的全部走向。在对峙之前，有时间来思考和准备当然很好，但如果面临突发情况，也就是我们被别人的言语或行为所蒙蔽的情况，那么我们该怎么办？

我们能做的最重要的事情就是采纳一个原则："首先，不伤害他人。"最简单的方法就是倾听。倾听能为我们赢得时间。

我观察过一些高级领导人在紧张时刻或冲突时刻的表现。即使他们是典型的行动导向者，当他们变得情绪化时，他们也很擅长给自己时间停下来思考，而不是随波逐流。

当我们因为太害怕或太生气而无法继续谈话时，我们可以使用以下这些语言使自己平静下来，并做好准备：

○"我听说这真的很重要，我确实很想和你一起解决它。不过我现在做不到，我可以晚点再给你打电话吗？"

○“我不确定自己是否同意你的观点，但我确实想听你说更多。让我们安排个时间见面吧。”

○“这是一个需要我们一起处理的问题。给我一分钟时间处理，然后我就来找你。”

与其以我们可能会后悔的方式做出反应，或者掩盖问题和事件，不如花些时间来思考和寻求帮助。即使问题必须得到迅速解决，即使我们必须在30分钟或更短的时间内与某人取得联系，我们也可以花几分钟时间认真思考我们想要什么、他们想要什么，如果我们不能达成一致，那么每个人会有怎样的反应，以及我们可以提出什么建议来解决问题。

面对陌生人和同事，因为我们的行为是在适当的范围内进行的，所以造成伤害的可能性相对较小。但在亲密关系中，我们说话做事时受到的限制更少，造成伤害的可能性更大。简而言之，我们也需要学会处理自己与朋友或家人的冲突。

第 **7** 章

朋友与家人

解决亲密关系中的冲突

我对付敌人没有问题……但是我的那些朋友，他们让我彻夜难眠！

——沃伦·哈定

亲密关系就像是致密星：它们能创造自己的引力。当我们与亲密的朋友、室友、恋人、队友和家人发生冲突时，我们感受到的冲击更大。这是因为我们通常不会去争论或讨论一个特定的问题，而是花更多的精力重温这段关系中的情感主题。这些情感主题可能包括渴望被爱、被喜欢、被尊重、被承认，或在承诺的背景下拥有自由。其中可能包括关于权力的问题，比如谁可以做出决定，或者谁有发言权，谁的观点重要。无论是在家里还是外面，冲突都会在相识的人之间迅速升级，使谈判变得更困难，因此，我们更有可能会采取回避和屈服的方式。

当我刚成为一名父亲时，我对自己作为父亲的能力持谨慎的乐观态度。毕竟，在我的孩子出生的那天，我怀着满满的爱和感激；我接受过心理治疗师的训练，阅读了很多心理学方面的研究和人际关系方面的书籍；我为很多孩子和家庭提供过专业的心理治疗，知道父母会陷入什么样的育儿误区。总之，我认为自己知道什么该说、什么该做。

经过了一整天的抱怨和发脾气，我第一次吼了我的儿子："马上去洗澡！就现在！"我当时太生气了，根本没有想到要从我那惊讶的妻子那里得到任何指导，也没有停下来考虑其他的处理方式。一个小时后，我终于冷静了下来，我为自己的行为感到后悔和抱歉。

但一周后，我又犯了同样的错误。我当时在交通拥堵的路段开着车，我的儿子开始对着我的女儿大声尖叫。"现在安静！"我吼道。这一次，我在几分钟后就开始感到后悔和愤怒。我打心底里知道，吼叫是没有用的。从这以后，我逐渐开始用新习惯代替旧习惯。

几周后，我的儿子和我的女儿又在争吵。当时我正在跟一个被困在机场的朋友通过电话交谈。我用手捂住电话，提高音量对他们说："我想和丹聊聊，你们要是再吵下去我就要吼人了！"我的孩子停了一会儿，随后我的妻子冲进来带走了两个孩子。

我们会在最亲密的关系中做出最原始、最本能的反应。这些反应是在基因、家庭互动模式和榜样等因素的作用下形成的。当我们在办公室或晚宴上时，因为我们并不了解每一个人，所以我们在说话时会无意识地使用一些情感过滤器或社交礼仪，但在亲密关系中，我们说话时很少使用这些情感过滤器或社交礼仪。

保护关系

当我们觉得自己要和某人长期相处时，冲突熔炉的中心就变成了保护这段关系。这对我们实现掌控、觉察和沉着带来了4个特殊的挑战。

挑战 1：我们解决问题的能力变弱

在动画片《奇奇和蒂蒂》中，奇奇和蒂蒂是两只非常有礼貌的花栗鼠，它们互相恳求对方先走：

“请，”其中一只说，“我坚持这么做。”

“不，不，”另一只回答说，“你先走。”

“啊，但我不能，真的！我跟在你后面。”

这种有趣的相处方式与研究者的发现一致：亲密的朋友在谈判时往往会出现不理想的结果，因为两个人都只是在让步，却没有探索能让双方都更好的选择。如果我们意识到夫妻和朋友经常会把维持关系放在第一位，那么我们就能理解这种倾向。这会导致一个人放弃最佳选择，只追求满意即可的状态。经济学家可能会简单关注双方所获得的总收入或总分数，而心理学家则会问：“这种关系是如何受到影响的，比如参与其中的人会愿意再次与对方打交道吗？信任是否受到了损害，会不会因此影响未来合作的机会？这段经历让人感到愉快吗？还是让人感到愤怒、失望或羞耻？”

心理学家、婚姻研究专家约翰·戈特曼和他的同事多年来对成百上千对夫妻进行了系统化的研究，他们发现，夫妻双方解决冲突的能力是决定婚姻幸福程度和婚姻持续时间的最重要因素。正如戈特曼所说：“如果说我在多年的研究中总结了什么经验的话……那就是长久的婚姻源于夫妻双方解决问题的能力，也就是能处理好一切不可避免的冲突。许多夫妻倾向于认为冲突程度低就是幸福，并相信‘我们从不吵架’是婚姻健康的标志。但是我不完全赞同这一点。因为通过解决分歧，我们会在婚姻中得以成长；通过解决分歧，我们会变得更爱对方，并真正体验婚姻的美妙。”

在亲密关系中，尽管冲突熔炉有相同的成分，但这些成分的比例往往不同。对一些夫妇来说，最重要的是避免不安情绪，而对另一些人来说，这种情绪是生活和交流的正常组成部分。但是，社交资本在亲密关系中总是占据重要的地位。

挑战 2：我们会保持沉默

我们可能都选择不说话，因为我们害怕失去或破坏这段关系。这并不是一种疯狂的想法。亲密关系是我们所拥有的最宝贵的资源之一，高质量的亲密关系已被证实可以促进健康、提高幸福感、延长寿命。如果我们认为自己会因此失去对自己而言很重要的人的爱、认可或信任，那么我们害怕与他们起冲突这一点也就不足为奇了。

当我们与一个有权势的人打交道时，这种情况尤甚。研究表明，有权有势的人倾向于采取行动，尤其是对他们自己有利的行动。当我们依赖别人（老板、房东、导师）的资源时，谈判可能会让我们感到危险。有权力的人通常比没有权力的人拥有更多、更好的选择，所以他们对社交资本的需求更少。因此，我们很难激励他们与我们讨论问题，我们也不太可能在他们面前提及我们的需求或问题。

保持沉默的问题在于它削弱了我们的掌控力：因为我们没有告知对方我们想要什么，也没有要求他们将其作为协议的一部分，所以我们最终确立不出一个共同的问题或机会。相反，我们更有可能选择回避或屈服，虽然这样做在短期内保持了和谐，但它最终可能会导致怨恨和情绪爆发。

挑战 3：我们没有认识到真正的问题

让我们来看看苏珊的故事。

苏珊和她姐姐玛拉的关系一直都不好。小时候，她们的

好胜心都很强。苏珊觉得玛拉在想方设法地贬低她，并且玛拉会用虚假的同情心来掩饰她的攻击性。例如，玛拉会对苏珊说：“哦，你不知道汤姆举办了派对吗？我猜你没有被邀请……嗯，对不起。”几十年后，当玛拉在身边时，苏珊仍然会感到紧张不安，尤其是在家庭聚会和节日聚会上。

现在她们在一起慢跑，玛拉在谈论她的新车和刚度完的假期。然后她问苏珊：“那么，你介意比尔和我今年7月住在湖边的别墅里度假吗？”

苏珊觉得自己被惹恼了，她开始变得十分有戒心：玛拉一定知道我们在经济上很拮据。她为什么非要住在湖边的别墅里？她和比尔可以去任何地方。他们非得去湖边吗？

“其实，我们本来打算今年7月去住的。”苏珊回答道，她们跑过一个弯道，喘着粗气。

“但是你去年7月已经住过湖边的别墅了。”玛拉说，“我已经和妈妈谈过了，今年轮到我和比尔去住了。”

苏珊停住了脚步：“你为什么要这么做？”

玛拉回答：“因为那是母亲的别墅啊。”

现在苏珊的声音提高了：“你绕过我，现在又来问我？

玛拉，你总是这样。你以为全世界的人都得围着你转啊！”

玛拉又开始跑了起来，她的声音越来越低：“算了吧。今年还是你来住吧。”

这场争论到底是为了什么？这关系到谁能在今年7月住进母亲的别墅。但至少对苏珊来说，这似乎远没有她们的姐妹关系重要。在这个层面上，苏珊很生气，因为玛拉背着她做了一些事情，事后才跟她讨论。在最深的层面上，苏珊觉得玛拉总是把她当配角。

我们都有自己版本的“你总是这样”。当我们与亲密的同事、朋友、家人或伴侣发生冲突时，这些隐藏的问题往往会爆发出来。心理治疗研究者莱斯特·卢博斯基和保罗·克里茨–克里斯托夫称这些问题为“核心冲突关系主题”，每个主题有3个组成部分：我们最初的愿望或意图，他人的反应，以及我们的反应。例如：

斯蒂芬想让他的妹妹多帮忙照顾年迈的父母，但由于他们俩过去的关系很一般，所以他认为妹妹会拒绝。然后斯蒂芬就开始想象他将会多么憎恨妹妹。这就决定了他是否会向妹妹提起这个话题，以及他提起这个话题的方式。

在工作会议上，我们预想某项提议会遭到老板的批评，因此我们做好“战斗”准备，在讨论还没开始之前，我们可能就开始为自己辩护。

在家里，一个想要从父母那里获得更大自主权的青少年，可能会在父母的亲戚朋友面前让父母下不来台。

核心冲突关系主题往往使我们容易受到某些人的反应的影响，而来自这些人的爱、尊重和支持对我们很重要。虽然随着年龄的增加，我们能更好地控制自己的情绪（在接近30岁时，前额叶皮层最终发育完全），但每个年龄段的成年人都容易受到这些核心冲突关系主题的影响，几乎所有成年人都对特定的社交威胁和情感威胁很敏感，这些威胁指的是与地位、自主性、亲密性、自尊有关的威胁。

婚姻可能是两性关系冲突的主要战场。在位于美国华盛顿大学的“爱情实验室”中，约翰·戈特曼及其同事花了几十年时间，请新婚夫妇和非新婚夫妇谈论他们最近发生的分歧。但让研究者感兴趣的是情绪化的行为以及这些行为的模式，它们预测了这些人对婚姻的满意度和婚姻的稳定性。这就引出了第4个挑战。

◇挑战 4：我们陷入了螺旋式下降状态

无论是家人、朋友、邻居还是亲密的同事，当我们认识某人很长时间后，就像草坪上踩出的人行道一样，我们之间就会形成一种特定的沟通模式。虽然有些模式让我们感到欣慰，但另一些模式却会以可怕的效率打乱我们内心的平静。

约翰·戈特曼和吉姆·科恩花费数年时间设计了一种编码系统，以便观察者可以时时刻刻对夫妻的沟通行为进行标记。通过使用这个系统，他们发现似乎在所有夫妻中都存在可预测的沟通模式。他们发现，一些行为会加剧冲突，进而导致“恶性循环”。表7-1描述了戈特曼和科恩的编码系统中的一些关键代码。

最常见的模式是批评防御螺旋。当一个人批评另一个人时，这种情况就会发生，然后被批评者就会做出防御性反应，批评者会因此做出进一步的批评或者做出防御性反应。

在情绪和指责的驱动下，我们一圈又一圈地走着，越来越远离解决问题的轨道。

当我们与朋友或恋人发生冲突时，我们可能会表现出一种对谁都不好的倾向，那就是制造误会。这时的我们不再去解决问题或抱怨，而是说我们感觉到某种模式正在运行。例如，当我们和室友争吵的时候，我们可能会说出以下的话：“你知道，我们似乎总是陷入这种情况。我想这是因为你不信任我。”那些对情绪的感受力较强的人（平均来说是女性居多）通常更容易这样做。

在这样的时刻，我们以为自己正在解决冲突。但这些举动其实无法让我们解决手头上的具体问题，它们甚至有可能会导致批评和防御，其中某个人很可能会对另一个人或这段关系下结论。如果我们处于冲突之中，那么我们必须扼住自己的分析模式或下结论的冲动！

表 7-1 戈特曼与科恩针对螺旋式下降的沟通代码

批评行为	蔑视行为	防御行为
指责：指出错误的陈述	侮辱和辱骂：通过明显的言语虐待来表达不尊重	否认责任：坚持这不是你的错
角色攻击：使用“你从不”和“你永远”，或概括对方的行为或信念	敌对性幽默：讲述贬义的笑话，即只有讲述者觉得好笑的笑话	借口：声称环境超出了你的控制，你是被迫这样做的
一次性公布所有负面信息：提出一长串的控诉	嘲笑：以一种取笑他人的方式重复他人说过的话	不同意消极的读心术：不同意你的伴侣针对你的所感、所想、所需而下的结论
背叛陈述：说一些质疑对方可信度的话	肢体语言：转动眼睛，撇撇嘴	相互指责：用自己的抱怨来回应对方的抱怨或批评，通常是针对另一个话题
消极读心术：对他人的情绪或态度进行消极归因（“你这么说只是为了操纵我。”）		重复：一次又一次地重复一个立场或观点，而不是试图更多了解对方的立场或观点

比起不幸福的夫妻，幸福的夫妻之间的争吵不一定更少。有些幸福的夫妻经常激烈地争吵，有些不幸福的夫妻则倾向于回避冲突。问题不在于争吵的多少，而在于我们如何解决冲突。

如何打好这一仗

我们需要采取关键措施来应对这4大挑战，以缓和激烈的对话。当我们面对朋友、室友、合作伙伴或亲密的同事时，我们通常可以做以下这3件事。

1.**不要逼迫对方。**选择一个对方没有时间压力或不用承受其他压力的时刻。有时候，最好的结果就是让对方意识到我们有个想要讨论的问题，并商定一个合适的时间来讨论它。

2.**从建设性的对话开始。**将这次对话描述成为共同取得良好结果而采取的方式。如果我们刚刚大吵一架，那么我们就不该把这次吵架当作谈话的焦点，否则我们只会重新点燃战火。例如，我们可以说："我知道我们都对昨晚发生的事情感到不满。让我们一起想想，我们能做些什么来让我们俩在周五晚上过得都愉快。我们能好好谈几分钟吗？"

3.**一起制定基本规则。**约定一个时间和伴侣、朋友、团队或配偶聊天，但不要逼迫对方。询问对方的基本原则，并感谢对方的想法。不要批评或评价对方。然后提出我们的想法，并分享为什么这些想法可能是有用的。最后把所有的想法汇总在一起。有没有什么是双方都能承诺的？有什么需要讨论的？以下是一些有帮助的基本原则：

（1）6点规则。当主要问题或分歧在工作结束后浮出水面时，共同约定我们会在第二天解决它们。不要在下午6点以后讨论任何重要的事情。为什么呢？首先，我们的大脑和身体都累了，我们需要吃饭，放松，睡觉。其次，在我们刚下班回家的时候就开始一段艰难的对话，并不是一个好主意。最后，带着愤怒或沮丧的心情上床睡觉会导致睡眠质量变差，而且冲突还会在第二天持续。但一定要约定好时间和地点，并做好准备。一起吃早餐或午餐是一个明智的选择，如果有必要的话，即使是通过视频或语音进行沟通也可以。如果晚上不提出问题，那么我们会睡得更好，也会避免情绪失控。

（2）不说“总是”或“从不”。当我们已经认识一个人很久，并打算处理一个我们认为长期存在于他身上的问题时，我们习惯于将“总是”或“从不”作为一段话的开始。

记住，对方可能会觉得以这些话开头的陈述是批评。你可以这样做：止于抱怨即可，仅限于谈论当下的情况，提出具体的要求或具体的解决办法。

（3）**走出去。**你可以邀请朋友或家人一边散步一边进行谈判或讨论。这样做有3个好处。第一，研究表明，散步可以促进创造力，这可能是通过激活大脑的特定区域和促进某类激素的释放来实现的。第二，比起面对面的交谈，肩并肩的交谈更容易让人产生“我们”的感觉。散步有助于我们倾听，而不用接受可能引发不良反应的情绪表达或眼神凝视。第三，在自然环境中待上一段时间（即使不到一个小时）会减少焦虑并增强思维能力。我们可以去散步或徒步旅行了！即使没有达成一致意见或找到解决办法，散步也是一件令人愉快的事情。

以下是应对我们说到的4个挑战的其他关键措施。

亲密关系中的掌控

当我们与亲密的朋友、盟友或伙伴进行谈判时，我们会感觉很奇怪，因为我们可能不想将对方看作我们的对手。但正如我们谈论的那样，与亲密的人进行更有效的谈判，不仅可以满足我们双方的需求，还可以强化我们之间的关系。以下是一些能促进我们更有效地解决问题的措施：

1.倾听和确认。通常，当某人开启一段困难的对话或谈起他遇到的问题时，我们很容易直接进入解决问题的模式。例如："你为什么不试试这个或做做那个？"很多人尤其是男性都掉进了"修理它"的陷阱。但有时我们的朋友或伴侣想要的只是被倾听和被认可。他们希望我们先了解问题，以及他们经历了什么。我们可以说："朋友，这听起来太可怕了！听起来她对你很刻薄。"或者说："你说得对，现在城里的交通状况真是太糟糕了。"一旦他们感到自己被倾听，他们可能会寻求我们的建议，我们可以借机提出一些可能有帮助的建议。但是，立马提建议往往会引发抵触情绪，因为我们的建议听起来可能像是在批评对方，暗示对方忽视了一个显而易见的解决方案，并且给我们带来了麻烦。简而言之，有时候要想快速解决问题（通过谈判达成解决方案），最好的方法就是慢慢来，承认对方的感受。一旦对方觉得有人倾听自己，他可能会更愿意考虑我们给出的解决方案。

2.将利益与选择分开。当一个人提到另一个人没有准备好或不喜欢的事情时，我们与朋友或恋人间的冲突就开始了。还记得训练有素的好奇心吗？在这种情况下，我们应该问自己："我为什么喜欢这个选择？"在回应对方或提出批评之前先这样做，有助于在冲突爆发前就将其化解，我们也可以在此时提出一些更令人满意的、符合对方利益的建议。

3.生成多个选项。对方的提议或计划只是一个选项。在讨论其优点之前，我们能否根据每个人都在乎的东西，提出其他的选项呢？提供我们喜欢的选项比违背对方的选项更有力量。我们是否可以进行任何交易，或者有什么方法可以结合各个选项（白天去乡下，晚上去俱乐部）？如果不能，我们能否在一段时间内达成交易，让我们每个人都得到自己真正想要的东西（这个周末去乡下，下个周末待在城里）？

4.缓一缓。如果两个人都不满意，那就一个小时后或一天后再讨论，然后暂时去做其他事情。把目前的选项先放一放，我们可能会想到更好的东西，或者我们可能会发现自己愿意妥协。我们可能还会发现对方现在知道了我们想要的东西，或者对方有了一个很棒的想法，或者对方最终满足了我们提出来的要求。

◇让我们公开表态

对我们很多人来说，公开表态可能是最困难的部分。为了鼓起勇气，我们可以尝试以下方法。

1.寻找社会资源。记住，有一个盟友会对我们非常有帮助。我们可以给朋友打电话，询问对方该如何提起这件事，我们也可以与一位同情我们的朋友分享自己的担忧。只要有人倾听，我们的大脑就会发出一个强有力的信号："我在其他地方有社交资本！我可以冒一点险。"但有一点需要注意：要找那些与我们要与之谈判的家人或朋友没有关系的盟友。当我们和亲近的人进行谈判时，夹在其中的盟友是很有压力的，而且万一他们不小心说漏了什么，这也会对我们不利。

2.提出一个共同面临的问题，并邀请对方来改善它。一谈到共同面临的问题，抱怨是免不了的。当我们试图提出一个共同面临的问题时，对方可能听不出来我们想要什么。但一旦他们说“我们可以谈谈空调”，我们就可以说：“太好了。我想减少我们在电费方面的开支，同时确保你在公寓中待得舒适。你还有什么要补充的吗？”

3.不带批评地抱怨。当提出一个问题时，重要的是具体的、直接的行为或问题，而不是批评对方。微笑着说出口的话也有可能是批评，比如“也许你不像我那样担心环境问题，但是你能不能不要一直开空调？”。相反，你只需要说：“嘿，我想减少我们的电费，开空调很耗电。我们能谈谈该怎么办吗？”我们应该具体一点，把重点放在我们想要的东西上，具体说明别人的行为、想法或提出的解决方案会如何阻止我们实现自己的利益。

亲密关系中的觉察

有些谈判会包括“影子谈判”——对话中的暗流会反映出潜在的关注点或困惑，比如谁的利益或想法最重要，或者对话应该如何进行。为了发现隐藏在谈话表面下的问题或动态，我们可以尝试以下步骤：

1.定义熔炉。当我们犹豫要不要在一段亲密关系中提出烦人的问题时，我们需要理解其中的缘由。试着回答以下问题：为什么这个问题对我很重要？我真正想要的是什么？是与这个问题有关，还是与我们一起处理这些事情的方式有关？在谈话开始之前，试着与朋友或盟友澄清什么有风险？

2.还有吗？以下是我们在一切谈判中都要问的关键问题：什么？为什么？还有什么？如果……该怎么办？当朋友或伴侣提出某个问题时，尤其是当他看起来情绪激动时，我们要遏制住自己进行防御性反应的冲动，并且说："好吧。我明白了。还有吗？"当然，我们必须真诚地问出这个问题。如果你能给对方更多的空间，那么对方有时会敞开心扉（"说实话，其实我还在为那天晚上的事情生气。"），这有助于我们触及事情的核心，从而节省彼此很多时间。

3.停下来反思。在了解了对方想要什么之后，请仔细思考一下我们想要什么。当我们不喜欢某个提议时，我们经常会反射性地觉得自己想要相反的东西。例如："既然你想让我在乡下度过一个安静的周末，那我偏偏要去参加棒球比赛！”当我们感到自己的自由受到威胁时，心理上的抗拒是一种本能反应。我们会被激怒，并且试图表明我们是有自主选择权的。一个解决方案是，在我们进行反应或给出答案之前，我们可以自言自语。如果我们的伴侣或朋友不允许我们这么做，那么我们应该离开一两分钟，好好思考一下。

4.注意螺旋式下降。在我们准备谈判或临时起意时，为了增强我们的觉察力，我们可以根据表7-1来尽量避免陷入螺旋式下降的旋涡。就像培养一种新习惯一样，我们可能很难一下子记住所有这些行为，并立即做出高明的举动来避免螺旋式下降。但随着时间的推移，我们将能够更快地注意到螺旋式下降，以便采取措施来中断它们。

5.将冲突重新定义为人际关系的一个正常特征。即使在幸福的婚姻中，冲突也很常见，有些冲突甚至永远得不到真正解决。近70%的婚姻冲突都与反复出现的问题有关。如果我们认为冲突是正常的，甚至是健康的，那么我们在冲突出现时就更不容易出现防御性反应或变得愤怒，我们还可以在接下来的谈判中保持更好的心态。

亲密关系中的沉着

当我们与自己深爱或珍视的人发生冲突时，我们很难保持沉着。当事情开始升温，或者当别人说了或做了一件让我们抓狂的事情时，我们需要想办法保持冷静。以下是一些我们可以尝试的技巧：

1.把批评当成抱怨。如果对方一上来就批评我们：“你竟然告诉凯茜的老师我们正在寻找其他学校，不愧是你！你真蠢！”那么我们在此时避免自己做出防御性反应的最好方法就是，在做出回应之前试着理解对方在担忧什么。要做到这一点，我们可以让自己至少问一个问题（例如：“你担心凯茜的老师会因此对她不好吗？”），以揭示对方说这种话时的潜台词。虽然这一点是很难做到的，但提出问题的做法有助于我们专注于对方的真正诉求。

2.承认但不同意。我们可以采取的另一个强有力的措施是说出我们感受到的情绪，而不是采取防御措施。说出“看得出你很难过”并不意味着我们同意对方的想法、主张或论点，但这样做可以让对方感到自己被倾听、被理解，从而有助于对方平静下来。

3.首先道歉。如果对方对我们所做的事感到不安（“你昨晚把车停太远了，结果导致我开会迟到了！”），那么在着手解决问题之前，我们可以先道歉（“我真的很抱歉。每年这个时候停车都很难。我们应该怎么做才能避免这种情况再次发生？”）。有时候，对方最想要的是道歉，如果我们在这个时候拼命解释自己的行为或提出新的想法，那么我们看上去更像是在防御，这会将谈话推到螺旋式下降的旋涡中。

4.采取补救措施。采取一些补救措施有助于安抚对方，缓解紧张，并将谈话引向更有成效的方向。有时，修补措施会突然出现，比如一对夫妇沉默不语，然后其中一人说了个笑话或想起了某件他们都喜欢的事情，他们便在那一刻产生了积极的感觉。在其他时候，修复行动需要经过几次努力才行，有时候这需要双方共同努力。

以下4个修复方法可以帮助我们缓解情绪：

（1）说出自己的感觉，比如：“哇！我真的很失望。”

（2）寻求帮助，比如：“你能帮我冷静下来吗？”“你能让我把话说完吗？”

（3）幽默：说一些有趣的事情或者做一些有趣的事情来缓解紧张情绪，这既可以是一个私人的笑话，也可以是只有你们两个人才知道的面部表情、手势或短语。

（4）回忆：一起回忆一些让人心情愉快的事情。

这两种方法既有助于抚慰人心，也有助于引导对话走向积极的方向。你可以离解决问题更近一步，比如："我能解释一下我为什么这么做吗？然后我会安静地让你说完你的观点。"你也可以跟对方一起抱怨，比如："你知道吗，不管是什么让我们陷入现在的困境，我只想问，那个酒店是不是很糟糕？"

亲密或熟悉的关系对我们实现掌控、觉察和沉着构成了挑战。对我们而言有价值的人际关系给我们的谈判增加了4个挑战：使我们成为懒惰的问题解决者；让我们不敢说话；让我们错过最重要的隐藏问题；经常让我们陷入螺旋式下降的旋涡。

我们需要注意这些常见的障碍，并学会避开或摆脱它们。把它们记在心里，并与我们在乎的人分享它们，但请记住，没有什么进步是一夜之间发生的，只有不断练习，我们才会变得更好。当我们长时间以同样的方式做事时，尝试新的“招数”可能会让我们感到尴尬。作为开始，我们可以选择一种可能会对我们的人际关系产生最直接影响的新行为。在大多数情况下，在谈判或冲突中尝试一个新举动，可以打破旧的模式，在对话中开辟新的途径。

应对敌人和强硬的策略并不容易，有时处理我们与家人或朋友的冲突甚至更加困难。但是，当我们被要求代表我们的家人、团队或公司进行谈判时，情况会怎样呢?

你猜对了，新的挑战出现了。我们不仅要和对方打交道，而且还要受到监督，因为我们要为谈判结果承担责任。代表别人进行谈判并不容易，但这是一项非常有价值的技能。你可以自信地学习它。

第 8 章

领导

代表他人谈判

我们对自己抱有的信心，将使别人对我们萌生信心的绿芽。

——拉罗什福科

在一个炎热的7月夜晚，大约50名情绪暴躁的湖滨社区协会成员挤进了基思和万达的客厅。

“问题是，基思，我不明白我们为什么要让步。那个开发商打算建造的东西会毁掉这个社区。7层?！70户到100户？这会造成很多交通问题！还有噪声！谁知道会有怎样的人搬进来，然后搞彻夜狂欢呢！”

房间里传来一阵阵赞同的低语声。

基思深吸了一口气，思考该如何应对。“我也不喜欢这样，黑利，但我不知道我们能否阻止这件事。我们可以反对重新规划的建议，让他们只能建两层楼。但如果他们想的话，他们有权建造一座7层的建筑。现在，他们似乎想跟我们谈一下这个问题，市长和市议会已经敦促我这么做，看看有没有什么回旋的余地。”

现在卡姆开口说话了：“我并不担心交通问题。让我崩溃的是大楼的高度。要是那样的话，我的花园就全年都晒不到太阳！如果只建造3层楼的话，那么我可以接受对方开发40户。”

“接受？认真的吗？”格里突然站起来，提高了嗓门，“所以是怎样，我们跟他们说，开发40户就可以接受吗？我不知道……我还是觉得我们应该凑钱雇个律师。如果他们通过了重新规划的决策，那么我们就威胁他们说要起诉委员会，或者起诉开发商。这样就可以引起他们的注意。”

房间安静了下来。

“我不想起诉。”海伦安静的声音让所有人大吃一惊，“我不想把钱花在律师身上。我们在委员会里的朋友或者镇上的其他人，都不会接受这一点。”

一片喧嚣声蔓延开来，人们互相争论着，商量着最好的解决方法。

基思看着房间对面的万达。跟他一样，万达看起来疲惫不堪。他为什么一开始要答应代表协会进行谈判呢？在过去的两个月里，这是一项吃力不讨好的任务，不管是哪种解决

方法，肯定都会让一些人对他不满。

如果你曾经被要求在家里或工作中扮演“雇佣兵”的角色，那么你就会知道，为别人谈判和为自己谈判是截然不同的事情。当我们在争端中代表他人时，冲突熔炉就会扩大，更多的人会处于危险之中。在我们必须追求自己的理想结果时，我们的对手同样也在追求他们的理想结果，与此同时，我们还要考虑到，我们所代表的那些目标和优先事项有时会相互冲突。发挥作用的社交资本现在包括我们与我们所代表的人的关系，以及我们与对手的关系。另外，我们必须处理情绪性反应，这些反应不仅来自我们的对手，也来自我们代表的人。

我们很容易理解人们为什么害怕代表他人进行谈判。有时我们会得到一些幼稚的指示，比如：“告诉他们要么接受要么放弃，但要确保他们会接受。”有时别人会让我们去保住一笔不切实际或荒谬的交易。而且面对我们所代表的团体，无论是个人层面上还是职业层面上的义务，对我们来说都是一种沉重的负担。

掌控、觉察和沉着仍然是自信谈判的关键。但要在代表别人谈判时维护它们，我们将面临一系列全新的挑战。我们所面临的第一个具有挑战性的任务至关重要：在把我们的团体所关注的事情摆到对手面前之前，我们需要让团体中的成员达成一致意见。

幕后谈判桌

当我们只有一个对手的时候，就某个共同的问题达成一致就已经很困难了。但当我们在谈判中代表其他人时，就不止一张谈判桌（一组人）在起作用了。在谈判用语中，由特定的谈判者或倡导者代表的一组人被称为幕后谈判桌。

当我们代表别人谈判时，我们面临的最大挑战甚至不是从对方那里得到我们想要的东西。让我们自己的幕后谈判桌重新结盟，往往比谈判本身要艰巨得多。当我在复杂的商业环境或政治环境中训练谈判者时，我听到了一个常见的说法："在为外部谈判做准备时，我们的内部谈判比任何事情都要艰难。"人们对此感到困惑。"这太疯狂了，我们在自己的阵营进行了最糟糕的争吵。”当我告诉我的客户这很普遍甚至很正常的时候，他们常常感到震惊：“我以为只有我们会这样，我以为我们这个团体运行不正常。”当然，在最重要的问题上达成一致的顺利程度如何，团体动力学在其中发挥着重要的作用。有些团体的人际关系和沟通习惯会比其他团体的人际关系和沟通习惯更健康。我们很容易看出为什么在整个谈判过程中会有潜在的雷区。团体和组织中的人通常会要求谈判者（并付钱给谈判者）关注不同的事情，当这些人被要求描述潜在结果中“最重要的”是什么时，他们不可避免会产生分歧。因为地球上的所有人都是通过自己的眼睛看世界的。作为团体代表，我们不仅要带领成员与对方进行谈判，还要促进我方的准备过程。

代表他人谈判时的掌控

当我们在冲突或谈判中代表他人时，我们需要做些什么，以便从我们所代表的人那里争取一个明确的授权？我们必须做到以下几点。

◇明确权限

当我们被要求代表他人谈判时，我们很容易以为自己是全权代表。然而，这种情况很少存在。明确我们被赋予的权力是至关重要的，因为在实际谈判进入白热化阶段时，我们需要站在自己的立场思考，做出影响谈判进展的决定。

但是，如果幕后谈判桌不支持我们已经采取的行动，或者如果幕后谈判桌没有授权我们采取行动，那么我们将为此付出代价。因此，我们需要确定自己是否有权采取以下行动：

○ 提出新的方案。

○ 加入新的问题。

○ 对最终协议说“是”或“否”。

在我们开始之前，我们自己和我们代表的团体都必须清楚我们的权力的大小。团体赋予我们的谈判权力越大，我们在谈判桌上的效率就可能越高。假如我们事事都要征得幕后谈判桌的意见，这可能会给我们的对手留下一种印象：也许可以从别人那里得到更直接的答案。

同样重要的是，我们还要了解对方谈判者在代表他的团体时的权力。在开始一场建设性的谈判之前，我们应该请对方谈判者明确他的权力类型。

假设基思这样问湖滨社区协会成员："当我和分区专员交谈时，你们想给我什么样的权力？"

有些人可能会说："我相信你会做正确的事情。你在为我说话。"其他人可能会说："听着，基思，尽管我很喜欢你，但我认为当你跟他们交谈时，你的任何新想法或建议都需要得到我们这个团体的批准。在我们全员同意之前，请不要同意任何事情。"

基思现在面临一个非常普遍的问题：虽然他们准备派人去谈判，但他们不清楚谁可以做决定，以及该通过什么过程做出决定。在一个非正式且无等级制度的组织中，如湖滨社区协会，人们甚至不清楚谁有权力授予基思权力！

◇明确决策过程

在家庭、社交圈和组织中，权威性上的模糊往往能让每个人都觉得自己很重要。当你问你的组织、家庭或团体，“谁有最终决定权？”他们可能会打一架。在公司或单位里，不同的员工关心不同的问题。如果这些人觉得他们的利益与某个决定有关，那么当这些利益没有得到充分满足时，他们可能会觉得自己有权迫使他们的谈判代表离开。

但在准备谈判时，权威性上的模糊是有风险的。作为谈判代表，如果我们等到最后一刻，也就是当我们与对方达成了某种协议或即将达成某种协议时，再去明确决策过程，那么我们可能会面临内部斗争，这会降低我们的士气，而那些认为我们不理智或带有恶意的人甚至会发怒。因此，最好事先弄清楚决策过程。

我们该怎么做呢？我使用以下这个框架来描述领导者和团体可以使用的不同的决策模式：

- 领导者独自做出决定。
- 领导与团队成员商量后做出决定。

○ 集体协商决定。

○ 领导者将决策授权给个人或子团体。

○ 团体推迟到晚些时候再做决定。

○ 该团体拒绝做出决定。

为了避免我的团体中的任何人感到尴尬，我会把上面这个框架拿给他们看，询问应该遵循哪种决策模式，或者我会自己提出一个建议。

我们应该解释一下不同的决策模式是怎样的，并就哪一些模式最有意义发表自己的看法。在不同的情况下，这6种模式都会发挥自己的作用。例如，当留给决策的时间很短或领导者有空时，领导者可以独自做出决策。当整个团体的成员都有与决策相关的专业知识或信息时，最好在商量后或通过协商一致做出决定。一旦我们理解了决策模式，我们就不太可能在对方对我们的权威提出挑战时故意引发内部冲突。

关键是要让我们所代表的团体中的每个人都清楚，我们正在使用哪种决策模式。这有助于维持团队成员之间的信任。人们经常把他们在提供咨询的事实解释为他们在最终决定中有发言权。当他们发现最终的决定与团体内达成一致的选择不同时，他们会感到自己被背叛了。例如，一位首席执行官让下属对新的总部办公地点进行投票，却最终选择了在投票中排名第三的地点，他这样做可能会引起一场风波。

收集信息

接下来，我们需要制订一个谈判计划，让所有人都加入进来。一种方法是创建一个检查清单，让整个团体像谈判者一样思考。因此而收集到的信息可以帮助我们确定无效谈判的结果，以及谈判协议的最佳备选方案。

表 8-1 湖滨社区协会利益检查清单

如果我们没有与对方达成协议，那么我们该怎么办？
对方会怎么做呢？
按照重要性的顺序，我们的目标和关注点是什么？
按照重要性的顺序，他们的目标和关注点是什么？
我们需要什么信息？我们想问对方或者问其他利益相关者什么问题？

假设基思带了一个简单的检查清单，比如表8-1中的清单，来参加湖滨社区协会的会议。当他开始要求成员讨论他清单上的问题时，他可能遇到的第一个障碍是对这套系统性方法的怀疑。有人可能会抱怨说："为什么我们要让事情变得复杂呢？我们的目标很简单，那就是封锁大楼！"但这只是一种立场，而不是一种策略。基思需要向大家提供一个好的理由，来解释为什么他们要更系统化地准备。

基思可以说："考虑到目前的利害关系，我希望我们能采取严格且谨慎的方式共同准备。"

他也可以这样说："我希望我们能一起确定优先事项，并认识到可能会存在一些意见分歧。"

他还可以这样说："我想确保自己在努力推动对整个团体来说最重要的事情。对此你们可能会有不同的看法。但是请让我们一起找出答案。"

即使基思的头脑中有一个良好的谈判过程，对他来说，最好还是把它分解成几个步骤。在第一次会议上，他可以让团队成员知道，如果他们不能与开发人员达成协议，那么最可能发生的事情是什么。众人拾柴火焰高，他们也许能一起

想出一个更好的谈判协议的最佳替换方案。

表8-2展示了一个矩阵，它提出了应对对方战术的一般策略。对于每一种情况，关键在于我们要根据自己的谈判协议的最佳备选方案、对方的谈判协议的最佳备选方案，以及我们的杠杆来管理我们的幕后谈判桌的期望。如果对方有一个很好的谈判协议的最佳备选方案，那我们可能必须更加努力地对这个备选方案的某些方面提出质疑，并找到新的方法为团队成员创造价值。我们应该牢记：当我们认为自己的备选方案很差时，我们对手的备选方案也可能不太好；当我们认为自己的备选方案很好时，我们对手的备选方案也可能很好。

当团体中的不同人对僵局的后果有不同的看法时，他们会就我们应该如何灵活应对给出不同的建议。一个人口中的“交易破坏者”对其他人来说可能只是“一个小代价”。我们工作的一部分就是，不要被噪声干扰，而是要关注团队成员总体上最看重的事情。

表 8-2 策略矩阵

如果……那么我们该怎么办? 然后……	对方有很好的备选方案	对方的备选方案很糟糕
我们有很好的备选方案	努力探索对双方都有利的交易。如果对方的备选方案看起来比我们的备选方案糟糕，就不采纳对方的备选方案	努力推广我们的备选方案，同时让对方认为这场谈判是公平的。让对方明白我们的备选方案比他们的备选方案更好，并且不要让对方没面子
我们的备选方案很糟糕	发现新的利益和问题，并努力改进我们的备选方案	做好重新想出有价值的备选方案的准备

◇避免圣诞礼物清单

当我们准备代表某个团体进行谈判时，可能会出现的另一个障碍是圣诞礼物清单。如果我们向团体里所有成员一一征求意见，或以一些定义模糊的形式沟通，团体内的成员可能会觉得，他们有权要求谈判者后续所达成的各种协议都满足他们的全部诉求。最终，这位天真的谈判代表收集了一长串清单，并说“我会尽我所能”，这又引发了另一批人的紧张和不安，为了确保自己的优先事项置于首位，他们会不断给谈判者发电子邮件或打电话。

在这种情况下，谈判注定会失败。在绝大多数的谈判中，人们往往不会得到自己想要的一切，这意味着任何结果都可能被视为一种失败（与人们所希望的相比）。

我们有办法来应对这种情况。在明确决策过程之后，我们可以根据合适的标准，按照重要性的优先级，对我们收集到的一长串目标，以及已明确的关键性利益进行排序，最终提炼成一个简明的清单。然后，我们就可以把这个清单的初稿分发给团体的所有成员。（表8-3呈现了基思在清单上所列的信息。据湖滨社区协会的成员描述，这些东西对他们来说非常重要。）

在大多数组织中，组织成员都很难在对团体最重要的利益问题上达成共识。在这种情况下，我们可能希望组织内的每个小团体都能专注于整个团队的优先利益，并在此基础上决定什么结果是可接受的、什么结果是不可接受的。

为了充实我们的清单，我们可能会问以下问题：

○ 哪些事情对我们来说是最重要的？

○ 为什么这些都很重要?

○ 还有什么是重要的?

人们习惯只用一两个词来回答与利益相关的问题，比如价格或灵活性。但是，为了将这些模糊概念转化为可供谈判的内容，我们提出的问题应该足够具体。例如，价格可能意味着：

○ 降低单价。

○ 尽量减少预付费用。

○ 根据购买数量，获得相应折扣。

灵活性可能意味着：

○ 确保我们可以在不用交罚款的前提下更改交货日期。

○ 根据预估人数确定报价，后续再按照具体出席人数调整报价。

○ 如果活动规模扩大，那么我们有权更换更大的租赁场地。

表 8-3 湖滨社区协会利益列表

新开发建筑中的户数不能太多	保持在街道上停车的便利性
新开发建筑的高度不能太高	预防犯罪
确保开发商严格执行有关噪声的法规	保持房产价值
确保新项目的设计符合社区的建筑美学	与市议员保持良好的关系
确保该建筑有商用空间	避免负面宣传

当我们问某些人他们最看重什么时，他们往往会告诉我们他们的想法，比如“使用环保材料”。那么，为什么他们会提出这样的诉求呢？因为环保材料能保证该组织的可持续发展目标吗？如果是这样，那么他们愿意为此支付更多的费用吗？又或者他们只是为了满足监管要求？如果是这样，那么符合环保要求的参数是什么？

这些潜在的担忧才是他们真正的利益所在。一旦你理解了它们，你就有更大的余地来提出各种可能满足这些利益的选项。只有一个选择的谈判桌就像是一场拉锯战，每一方都在试图向它靠拢或远离它。

◇将担忧转化为目标

在描述自己的利益时，那些来自法律部门的人或性格暴躁的人，可能会使用消极而非积极的语言。“不要同意建造超过4层楼高的建筑！”“不要租高速公路附近的度假屋！”“不要失去这个客户！”

在这种情况下，我们的工作重点在于，将他们对消极结果的想象重构为对积极目标的追求。

“不要同意建造超过4层楼高的建筑！”就变成：

○ 坚持我们的观点。

○ 保证下午能晒到阳光。

○ 保持房产价值。

“不要租高速公路附近的度假屋！”就变成：

○ 确保隐私。

○ 确保安静。

○ 确保安全。

“不要失去这个客户！”就变成：

○ 保持我们目前的工作范围，并在可能的情况下扩展我们的工作范围。

○ 与客户保持良好关系。

○ 避免负面宣传，以免损害我们在其他客户中的声誉。

◇确定优先事项

等我们的团体列出利益列表之后，我们需要在成员的帮助下按照重要性进行排序。为什么要这样做呢？因为只有知道哪些利益更重要、哪些利益不那么重要，我们才能确保交易能创造价值。

在对优先事项进行排序时，成员之间可能会吵起来，因为所有的成员都认为自己的利益是最重要的。以湖滨社区协会为例，住在离7层建筑选址更近的人最关心的可能是其高度，两个街区以外的人可能更担心交通问题或房产价值。

由于没有明确的对错之分，我们必须确保决策过程是公平的，并听取所有的关键问题。

有时我们需要在基于尊重的前提下，对他们的假设或看法进行质疑或挑战。我们可以这么说：

○ “我明白你的意思，但我也需要知道别人是怎么想的。”

○ “你的想法很好。你能告诉我你自己为什么会这么想吗？”

○ “我的观点可能会有点不同。”

在很多时候，我们会同时面对两个或多个利益相互冲突的成员，在他们之间进行调和。我们可以这样说：“你们都在争取自己关心的事情，这很好。这有助于我综合调整你们的利益列表。以防万一，我需要知道你们在哪些方面态度强硬，在哪些地方留有余地，又在哪些地方接受变动。”

或者我们可以这样述说：“你们所说的这些利益都非常重要。但是，现在我们面临一个艰巨的任务，我需要你们一起来帮助我确认哪些东西是最重要的。”

◇建立决策机制

尽管我们尽了最大努力来达成共识，但我们还是不可能让每个人都满意，当团体结构繁杂、人员多样，成员都热衷于自己的个人议程时，这一情况更严重。既然知道了这一点，那么我们就可以设立一个默认的决策机制，假如事情变得一发不可收拾，我们还可以使用这个机制。

例如，在一个家庭中，如果孩子们无法对他们当天下午的活动达成一致意见，那么就默认由父母来进行最后的决策。如果公司的法律团队、工程团队和销售团队无法就最重要的内容达成一致，那么就由首席执行官来敲定最终的内容清单。

在谈判代表抱怨了多年之后，我与之合作的一家医疗保健公司建立了一个“快速决策团队”，在无法达成内部共识的情况下，该团队负责就谈判代表的工作重点和工作限制做出最终决定。谈判效果是根据快速决策团队获得的授权来衡量的，而不是根据该公司内部相互冲突的愿望和利益来衡量的。通过这样做，该团队不仅帮助公司简化了准备过程，还为谈判代表提供了更清晰、更有用的指导。

◇◇练习熟练沟通

当我们代表一个团队进行谈判时，排练小的“片段”让我们有机会从团队中得到好的指导。以下3个方面可能需要我们进行特别演练：

○ 我们提议时所使用的语言。

○ 我们提问的方式。

○ 我们回答对方可能提出的问题的方式。

如果团队成员没有足够的时间和耐心跟我们一起排练，那么我们可以简单地与其进行沟通，这有助于他们感到被倾听、被理解，从而提高他们对我们作为谈判代表的信心。

同样重要的是，这些很小的举措可以帮助他们了解我们将面对什么，这样一来，他们就能更好地感受到我们作为他们的代表所面临的挑战。“有创造力、够坚韧、善于表达”只是一个起点，我们需要更多的东西以确保我们清楚如何代表团体进行沟通。

寻求批准

当我们认为自己已经在谈判桌上竭尽全力，或者当我们的谈判对手想要结束谈判并采用谈判协议的最佳备选方案时，我们就应该将谈判中已达成共识的提议带回去，以便获得幕后谈判桌的批准。

如果已达成共识的提议并不理想，那么你也不要沮丧。即使是不充分的提议，也有助于评估该团队成员的利益。有时，正如社会心理学家蒂姆·威尔逊和我所注意到的那样，随着新方法与新建议的提出，个人或团体可能会由此产生新的利益和优先事项，他们对过去利益和优先事项的重要性的判断也可能会发生改变。有时候，人们在遇到自己不想要的东西之前，根本不知道自己到底想要什么。

要获得幕后谈判桌的批准，谈判代表可以进行以下5个步骤：

1.提醒团队成员他们的利益和优先事项，以及双方的谈判协议的最佳备选方案。在我们阐述对外谈判中的相关信息之前，我们有必要先帮助团队成员了解自身诉求，也就是他们的利益和优先事项是什么，并再次说明，如果没有达成协议，那么我们可能会采取什么行动。这一点很重要，因为我们会与团队成员从以下几个方面来评估他们提出的协议：（1）它能在多大程度上满足他们最重要的利益；（2）与他们的谈判协议的最佳备选方案相比，它有什么优势或劣势。

2.从他们的角度解释交易。在考虑谈判问题时，我们不仅应该从对方的角度来考虑，也应该从团队成员的角度来考虑。记住，关于谈判过程中实际发生的事情，他们掌握的信息或知识要比我们少得多。研究表明，我们往往关注自己所知道的内容，却忽略了一点，那就是别人知道的信息非常少。正因为如此，我们总觉得他们应该更能理解我们的感受和想法。因此，我们应该花时间来解释提议的内容和我们经历的过程，讲述我们为创造价值而采取的所有步骤，并概述提议中双方达成的交易和各自做出的让步。换句话说，我们应该告诉他们达成协议的故事。这似乎是一个显而易见的步骤，但在长时间的谈判之后，我们有时会忘记这样做。我们也可能会忘记分享我们有关对手的利益、限制或未来计划的知识。

3.解释谈判的进展。双方已就下一步谈判达成哪些共识？哪些问题有待进一步讨论？这是最终报价，还是可以进一步谈判？例如，我们或许可以准备另一个提案作为回应。在这一点上，我们需要解释对手在沟通方面受到了哪些限制，并根据自己对这些限制做出的实质性判断，提出自己的看法。如果我们认为这是对方能给出的最佳方案及最终方案，那么我们也应该告诉他们这一点。

4.给问题和怀疑腾出空间。如果我们听起来太像推销员，那么团队成员可能会担心我们在某种程度上倒戈了。如果这个协议是合理的，那么解释具体的原因就很重要了。但与此同时，我们也可以提出许多问题供对方回答，而不是一味地回答所有的问题。我们可以说："那么，你们是怎么想的呢？"或者："我对此有一定的看法，但我想先听听大家的意见。"在做出决定时，幕后谈判桌有时需要重新整理那些看起来非常简单或已经过时的观点。我们必须抵制住在每一件事上都成为"专家"的诱惑。团队成员会说很多我们不同意的事情，这不要紧。关键是不要让他们走偏。

5.做好准备，以便对方提出建议。对于协议是否有价值或是否应该被接受，团队成员往往有不同的看法。在某些情况下，我们可能真的不知道该如何是好，并需要寻求团队成员的指导以应对手头的交易。但在其他时候，我们可能需要把幕后谈判桌从其最美好的愿望和一厢情愿的想法中分离出来，证明所拟的协议或决定不仅非常符合团队成员最重要的利益，而且达成协议带来的结果比直接放弃要好得多。我们的建议可以帮助幕后谈判桌理解我们如何看待未来的可能性。如果我们表明自己已经充分考虑了该协议，并认为它可以在很大程度上满足团体内部已达成共识的关键利益，同时如果我们能说明该协议的合理性或公平性，那么我们的建议就会更具影响力。

值得我们注意的一点是，这些步骤多多少少都需要我们站在他人的立场上考虑问题。在代表他人进行谈判时，要掌控主动权，我们不仅要行动，还要保持觉察力。

代表他人谈判时的觉察

当我们主导谈判时，我们还需要同时从我方和对方的角度来思考问题和事件。不过，实际情况往往会更加复杂，因为我们必须同时考虑对手和幕后谈判桌的想法。在谈判的过程中，对方的想法就已经够难以捉摸了，如果连幕后谈判桌都把我们蒙在鼓里，那么我们在谈判中就会更有压力。

管理自我中心主义

在第4章中，我们见证了自我中心主义是如何扭曲感知和损害判断力的。团体中的成员会相互说服，从而越发坚信自己的直觉都很准，因此自我中心主义在团体中的影响力会成倍增加。人们相互强化彼此的想法，对新信息漠不关心，最终形成了团体思维。团队成员可能会被自己的想法冲昏头脑，认为对方非常想要达成协议，或者幻想对方会接受他们提出的所有要求。或者他们会怀着深深的恐惧和无助感，难以对各种选择进行认真评估，也无法合理判断对方会如何进行选择。

作为该过程的引领者，为了防止上述事件发生，我们需要对谈判的内容和双方的退路进行理性分析，并与团队成员共享。我们可以这么说：“虽然我们会失去很多，但他们也一样。因此，也许我们可以尝试去思考，如何让我们双方都能获得自己想要的东西，从而实现共赢。”作为一个团体的代表，我们的工作是做出理性且正确的判断。

◇预测基本归因偏误

在第4章中，我们了解到，人们倾向于根据他人的可见行为，对其特征或态度进行归因，却没有进一步考虑到他们的处境与局限性。作为一个团体的代表进行谈判时，最危险的判断陷阱就是这种基本归因偏误。我们的幕后谈判桌可能会显得蛮不讲理、固执死板，我们将其视为“可预见的意外”。“为什么他们无法考虑全局呢？”当我们试图协调谈判桌和幕后谈判桌之间的矛盾时，我们可能会发出这类困惑。因此，学会站在他们的角度上思考问题至关重要：记住，我们还没有跟他们坐下来好好谈一谈，或许他们还没有清楚地掌握具体的细节，从而无法充分地考虑当下的问题和事件。

与此同时，他们可能觉得我们对对方太友善了。“为什么基思总是在考虑对方的利益和限制因素？他应该努力争取我们想要的东西。”当我们尝试解释为什么他们无法得到想要的一切利益时，他们毫无疑问会质疑甚至反对。不要忘记提醒他们，我们是站在同一战线的，我们想要帮助他们实现利益最大化，但在此之前，我们也需要很好地满足对方的利益，这样对方才会更愿意满足我们的诉求，而不是转身离开。

◇避免虚假共识

虚假共识是另一个陷阱。我们容易误以为大多数人会同意我们的观点，而事实并非如此。当我们与某个团体达成合作时，我们会惊讶地发现，成员对团体的最佳发展走向都各持己见，特别是在反对某事的时候，他们之间的分歧尤为明显。在决策的早期，我们有必要了解成员的利益点，倾听不同的观点，而不是让声音最大或是最具说服力的人先站出来，宣称所有人都支持他们的观点。“我知道我们是一个团队，”我们可以这样说，“但我想，我们内部可能会存在不同的看法、不同的想法、不同的利益和不同的优先事项。把这些问题摆到台面上来讨论非常重要，这样一来，我才能知道如何为我们的团队取得最好的结果。”

◇控制自利偏差

作为团队的谈判代表，我们还必须觉察到自利偏差。在一些情况下，为了达成合理协议，编造出一个如何取得胜利的故事，那些紧张兮兮的谈判者可能会夸大对方的能力。在另一些情况下，由于谈判者会按照工作时长获得报酬，因此为了保证自己的薪资水平，他们会不自觉地高估谈判成功的可能性。即使我们有良好的谈判意愿，偏见和过度自信也会让我们错误地评估成功概率，或者让我们把情况描绘得比实际情况更绝望。

觉察到这些倾向，并在准备工作开始时讨论它们，可以帮助保护我们和我们代表的团体不陷入系统1思维模式。我们最好像侦探一样来完成任务，准备很多问题，测试自己对不同可能性的反应。例如："如果他们提出4层楼40户的方案，那么我会马上拒绝吗？为什么？这是唯一的原因吗？"

当然，并不是每个人的观点都是合理的，作为该团体的指定代表，我们有时会成为这种不合理观点的接受端。这可能是一次令人沮丧的经历，这也是为什么我们在履行谈判职责时需要保持沉着。

代表他人谈判时的沉着

我们在第5章中介绍的保持沉着的技巧，在我们代表他人谈判时仍然适用，但我们还需要记住另外一些潜在触发因素。在大多数情况下，这些触发因素都会影响我们与幕后谈判桌的关系。

◇做好迎接失败的准备

尽管明确权责、采用决策程序和进行系统性准备都非常重要，但并非所有的谈判代表都会采取这些步骤。这是为什么呢？

我们将朋友、同事或盟友聚在一起，希望能了解每个人的不同看法与优先事项，并最终达成共识，但这往往很容易让我们处于情感危机之中。毕竟，这个团体可能包括我们的老板，甚至是我们老板的老板，或者包括我们父母的朋友，以及城镇上的大人物。他们当中的一些人可能是我们尊敬的人，并且他们与我们看法一致，但也有些人可能会不理解为什么我们要在一开始就“把事情复杂化”，他们会说：“直接去争取我们想要的东西吧！”即使我们知道自己这么做是为了整个团体好，但让大家坦率地讨论自己的看法，还是一件让人很紧张的事，而且有些人可能会认为我们在故意挑事，甚至不够忠诚。

出于各种原因，当我们需要代表组织去谈判时，大多数人会开始进行心理安慰。如果我们选择逃避，那么我们可以在短期内缓解压力，但从长远来看，我们最终会付出相应的代价，逃避只会逐渐削弱我们的协商能力，令我们无法取得满意的结果。因此，无论我们是代表他人去谈判，还是委托他人代表我们去谈判时，都要注意以下的逃避策略：

1.暗中布局。它指的是我们将对方塑造成态度十分强硬且不愿屈服的形象，并向团队成员承诺，我们会竭尽全力。我们可能会认为，如果先让团队成员有一个悲观的预期，那么当我们最终取得了不错的结果，我们就会显得更加出色。但其风险在于，这种做法可能会削弱团队成员对我们的信心，特别是当我们把每一种情况都描述为“非常艰难”，把每一个对手都描述为“非常难搞”时。与此同时，我们可能也会越来越不自信。

2.自我阻碍。它指的是拒绝做谈判准备，而是选择“随机应变”。如果结果不尽如人意，我们会告诉团队成员：“由于时间有限、资源不足，这已经是我能达成的最好结果了。”显然，这种防御策略能带来多大的情绪安慰，就会导致多令人失望的谈判结果。

3.请求原谅。它指的是在征求团体意见之前，就贸然接受对方的提案，然后请求团队成员接受已达成的协议。虽然这种防御策略能让我们避免与团队成员发生正面冲突，但会让我们看起来不值得信任且能力低下。经验丰富的团队成员希望我们能征求他们的意见，了解他们最看重的是什么，以及我们需要为谈判提前准备什么内容。

◇为了取悦每个人而压力倍增

我们可能会因为“每个人都在指望我”的想法而感到焦虑，为了缓解这种焦虑，我们可以借助第5章中的小技巧。例如，比起孤军奋战，我们是否可以在团体内部召集盟友？或者建立一个谈判小组？或者选择一个大家最为舒适的时间开会？（提示：在晚上开会，人们可能会比较浮躁，创造力也会比较低，不过，吃点美食可能会改善这一点。）

提供解决冲突的决策过程和结构框架，是最艰难却又最重要的工作之一。与其创建一个圣诞礼物清单，来囊括每个成员最喜欢的选项、政策或要求，我们还不如事先声明，并非所有人的需求都能得到满足，并促使他们优先考虑团体的利益。这样一来，人们会更愿意考虑其他的选择，尝试接受其他的解决方案，而不是揪着一个问题不放。我们要让团队成员都参与到这个过程中来，而不是简单地回应他们的诉求。这也便于向我们的团队成员解释一些关键术语，比如利益、问题、谈判协议的最佳备选方案等。

◇感觉被困在中间

在一场艰难的谈判中保持沉着是非常困难的一件事。我们不仅要面对对方的要求、争论和约束（以及批评，甚至可能是威胁），而且可能会承受幕后谈判桌的愤怒、失望或焦虑。我们可能要一边安抚团队成员的情绪，一边向他们解释谈判的具体过程，这可能会让谈判过程变得效率低下、成效不佳。毕竟，我们不是他们的心理医生，没必要过分关注他们的心理状态，这不是我们工作的重点。但是，作为谈判代表，我们应该帮助团队内成员调整情绪。具体方法如下：

1.承认他们的感受。我们的团队成员想要知道我们与他们感同身受、目标一致，特别是当事情恶化的时候。即使我们认为他们的痛苦源于不切实际的期望，直接点明他们的感受也很有必要。我们不必认同他们的主张或结论，只需要说出我们认为他们的感受是怎样的。准确地说出他人的感受可以让他们心生慰藉。

2.说出我们的感受。我们可以说："我也很沮丧。我不知道我们怎样才能团结起来，从而提出既对我们有益，又能被对方接受的方案。"我们也可以说："我整个星期都在和对方打交道，我已经筋疲力尽了，我希望能从你们这里获得一些正能量，看看我们如何才能走好后面的每一步。"

3.重新聚焦对话。当我们听到团队成员关于立场、威胁、公平等方面的问题时，我们可以试着从利益和选择的角度重新组织他们的论点或建议。问问他们当中最直言不讳的人为什么反对，以及他们将如何在满足对方利益的前提下改进现有提案。请记住，作为谈判者，我们的目标是带领团队成员解决现实问题，而不是一味地反对或指责另一方。

这些举措旨在帮助我们避免产生"被困在中间"或"身边充满压力"的感觉。在许多谈判中，这正是我们的切身感受。即使是在风险较低的交易中，老板温和的批评（"这似乎还不错，但我还是觉得我们本可以做得更好。"）仍可能会引发怨恨和失望的感觉（"他真的不知道为了完成这个任务，我经历了什么！"）。

◇自信地交流

当我们与幕后谈判桌的谈话方式能让彼此都感到舒适时，沟通效果是最好的。为了让你们更好地开始谈判，我在这本书中加入了一些示例脚本，但是你也可以想出自己的版本，并细化到每个举措该如何进行的程度。想想那些最能引起共鸣和最能产生积极影响的语句。记住，即使独自一人，练习也是实现掌控的关键。

沟通的形式也应当纳入考虑范围。是约定一次面对面的会谈，还是通过电子邮件、社交媒体或短信？研究表明，比起电子邮件，面对面的谈判和交谈陷入僵局的可能性较小，并且还能提供更多的学习机会。虽然面对面的沟通形式会让人感觉效率不高，而且容易令人生畏，但这会让我们看起来更有责任感，并防止我们因为冲动而让沟通陷入困境。就像汽车提供的人与人之间的距离会导致路怒症一样，电子邮件也会让我们不如面对面时那么合作和有建设性。

当我们同意代表某个群体进行谈判时，我们可能会面临批评指责和事后诸葛亮的情形，而这往往来自那些对我们很重要的人。这会让人很难接受，尤其是在一群人面前时。有时候，最好的做法是保持沉默。记住，同时管理情绪和进行沟通是很困难的。也许在几个小时或几天之后，我们才会突然想到合适的语句去回应当初的问题。例如："我非常感谢托尼昨天说的话。我相信没人希望我们看起来愚昧不堪或软弱无能！不过，我也希望我们在考虑对方提议的时候，可以一步一步来。我们可以……吗？"

代表他人谈判的过程中充满着挑战，挫败、懊恼、穷思竭虑等都让我们身心俱疲，但千万不要因此而气馁。这是一项宝贵的技能。记住，在学习接触任何复杂技能时，我们都会面临沮丧与迷茫。不过，我们应该关注的重点是，我们可以借助这种技能完成什么，以及我们该如何精进。

在第9章中，我们提供了一系列工具帮助你对自己的情绪、认知和行为倾向进行自我诊断。

阅读本书是一个好的开始，你可以因此成为一个更自信的谈判者。现在你可以开始思考如何将这些想法和见解应用到自己的生活中。

第 9 章

你

将理论付诸实践

知识只有用了才能成为智慧。

——马克·吐温

旧的结束，新的开始。本书最后一章的目的就是激发你去进行自信的谈判。

一切从你开始。当你开始实践时，你会逐渐了解并总结出自己的倾向，并在后续谈判中注意这些点。了解自己在不同情况下的行动、思考和感受，有助于你把握自己需要专注的事情和克服的障碍。例如，如果你容易焦虑或冲动，那么提前做好准备和规划的做法可以帮助你解决这个问题。

在第1章中，我们研究了自信的力量，并发现你对谈判的适应程度以及你对自己谈判能力的预期，能很好地预测你的谈判表现。请注意，人们之间存在的差异与心态有关，而非与他们的人格特质有关，因此，你可以在不改变自己的情况下改变谈判的方式。

大多数研究都发现，如果将不同个性的参与者置于特定情境下进行谈判，那么情境因素会对人们的行为产生更大的影响。假设我们让合作意识强和竞争意识强的人一起参与某个游戏，他们可以选择采用合作或竞争的方式。你是不是觉得，研究结果应当与他们的个性倾向相契合？但是事实证明，游戏的名字对行为有很大的影响，而个性差异没有起到预测作用。好胜心的强弱并没有让他们在行为上表现出任何差异。真正重要的是，人们如何解释他们所处的情境。

个性的确是我们生活中一股举足轻重的力量。有证据表明，随着时间的推移，个性会影响我们的交友，以及我们偏好的活动和情境。但是，我们每一个人都会根据不同情况调整行为策略。我们试图了解并适应自己所处的每一种情境。这就是为什么大学里牢固友谊的最好预测因素不是个性，而是距离（无论是住在你的对门还是同宿舍）。这又与谈判能力有什么关系呢？同样的道理，比起你的心态，人格特质对最终结果没有多大的影响。

因此，当你反思自己的总体倾向和偏好时，请记住一点，它们就像潮汐，能够在你的船下面施加一个强大但隐藏的拉力。但这无法阻挡你以不同的速度朝不同的方向行驶。只不过如果你忽视了它，那么你可能难以顺利实现计划。最好的做法是理解这种隐藏的力量，并将其纳入考虑范围，以便最终到达你的目的地。

即使你会频繁地或强烈地感受到消极情绪，这也不意味着你无法享受乐趣、无法持有乐观态度、无法拥有冒险精神、无法为这个世界创造价值。许多历史上的大人物都曾与消极情绪做过斗争，比如林肯和丘吉尔。人格特质并无好坏之分，它只不过可能会在不同的情境中影响一个人的行为，让人做出合乎情理或不合时宜的举动。例如，容易出现负面情绪的人会更快地识别并逃离危险，或者更容易与他人产生共鸣和联系。

刻意遵循谈判中的关键动作和实践也可以抵消个性的影响。例如，当我们需要解决某个问题时，那些更随和的人往往会在谈判中做出更大的让步，比如就房子的售价达成一致。在谈判中，那些高度随和的人可能比一般人做得更差，如果在谈判开始之前为他们设定一个更高的目标，那么由于个性而造成的结果差异就会因此消失。

因此，知道如何调整自己非常重要。了解自己是关键，这样一来，你就会知道自己倾向于在准备谈判的过程中遗漏或忽视什么，自己会在哪些地方以怎样的方式陷入偏见和思维捷径的陷阱，以及自己需要以怎样的方式应对复杂的情绪。

评估你的倾向

现在你已经知道个性发挥作用的方式和起作用的原因，以及这种方式存在哪些局限性。你可以在网上做一下“大五”人格测试，知道自己的结果之后，再阅读表9-1的内容。根据你的得分，你可以了解自己在面对冲突和谈判时倾向于做出什么行为，以及会面临怎样的挑战。记住，这些都是总体的倾向性，它们无法预测你在特定情况下会经历怎样的过程或取得怎样的结果。

表 9-1 与特质相关的特定挑战或趋势

如果你的得分显示你是……	考虑一下这样的可能性……
高神经质	你可能比其他人更悲观、更易怒，更容易不耐烦。在焦虑、自我意识和脆弱性方面得分越高，意味着你越倾向于关注消极的一面和假设最坏的一面。你更容易因放弃或无能感而感到抑郁，更容易因他人的自私行为而产生敌意或愤怒，更容易冲动，也就是不假思索地行动或说话
低神经质	你的同事或其他人的情绪不如你稳定。他们的担忧能促进并激励你更有条理地进行准备。你不会像某些对手或同事那样对消极情绪的出现忧心忡忡
高外向性	与你相比，你的对手可能没那么精力充沛或热情洋溢，他们在进行交流和提出要求时也比较拐弯抹角，但这并不意味着他们不重视你们的关系或共事的机会。同样，他们不愿与你讨论某个问题，并不意味着他们不喜欢你或他们已经解决了该问题
低外向性	你是一个偏内向的人。但你要明白，话多或精力充沛的人并不一定会主导对话。你要明确并学会陈述你的需求，确保你能以一种令人信服的方式来描述它们
高开放性	你可能比其他人能更好地处理复杂的问题和谈判。你的对手可能不知道你对不同可能性的创造力与接受度。他们可能倾向于看到更具体的行动，试图减少不必要的讨论，而且可能不太适应没有明确限制与具体方向的“头脑风暴”，因为他们可能认为这没有意义

续表

如果你的得分显示你是……	考虑一下这样的可能性……
低开放性	你可能更习惯以非黑即白的态度看待问题，并很快得出结论。不妨试着与他人一起头脑风暴，为共同利益提供更多的选择。如果你是某个团队中的一员，请你尝试邀请有创造力的思考者参与进来。学会对凡事都保持好奇心，并记住，并非所有人都像你一样急于结束每一个问题
高宜人性	你可能想在努力实现自己目标的同时帮助他人，但是你不能触犯自己的底线。做好心理准备，你可能很快就会发现，有人破坏了你在人际关系和沟通交流方面的行事原则
低宜人性	对方可能是真心想要跟你一起找到能对双方都有利的解决方案。你可以通过提问，了解他们最看重的利益。不要对他们的想法或动机妄下结论，不要忘记维持人际关系的重要性，要确保你的建议是“合理”的，并且不会激怒或侮辱对方
高责任心	你做事井井有条，完成任务时往往会变成细节控。你要学会平衡，关注大局，记住完美可能是最大的敌人。你可能想要仔细核对整个流程，但其他人可能没有那么多耐心，他们只想直接进入建议阶段或选择阶段。但是，这并不意味着他们在取得好结果上的投入比你少
低责任心	你要做的就是准备，准备，准备。即使你的时间很少，你也要考虑自己和对方的利益，想想如果没有达成协议，那么这对你和他们会产生怎样的影响。准备好一些可供选择的方案。如果他们想要更多细节，就尽快为他们提供这些细节

你的熔炉

当身处冲突熔炉之中的你需要确立目标时，知道你的总体倾向能更好地帮助你处理问题。因为你的个性会让你倾向于做出某些举动。例如：

○ 如果你不够外向，不够随和，或者不够开放，那么你可能会为了达到物质目标而牺牲社交资本。但是请记住，良好的人际关系和声誉具有长期价值。

○ 如果你比较神经质，那么你可能会试图避免额外的负面情绪，并因此变得更加焦虑。对于是否能实现物质目标，你也会持有更悲观的态度。总之，这些倾向会让你选择逃避和屈服，而不是进行谈判。

○ 如果你更随和或更外向呢？你可能倾向于把社交资本放在目标清单的首位，因为人际关系对你来说非常重要，甚至会让你轻易屈服。

请记住，除了人格特质，我们的情绪觉察力、元情绪倾向和应对策略也可以预测我们的情绪。天性容易焦虑并不会使我们回避冲突，或在谈判桌上屈服。但我们的确需要采取不同的策略，应对挑战性事件发生期间、之前、之后所产生的焦虑情绪。

你可以从自我反思和评估自我倾向入手。但实践也很重要，这个想法现在应该已经在你的心中根深蒂固了。没有两种情况是相同的。因此，除了认识你自己，根据自己的倾向制订计划之外，在进行实践时，你需要保证自己能够坚持到底，应对困境，并不断提升自己。要做到这一点，你需要工具的协助。

在本章后面的附录中，你将找到12个工具供你使用，从而让你实现以下目标：

○ 提高掌控力。

○ 增强觉察力。

○ 保持沉着。

○ 识别并处理棘手的问题。

○ 应对自己与合作伙伴、朋友、家人的谈判。

○ 学习到代表他人谈判时需要采取的额外步骤。

这些工具旨在帮助你应对各种特定情况，让你能自信满满地思考、感受和行动。记住，想要改变，不断地尝试新鲜事物是唯一的出路。

正如大学毕业典礼也被称为“开端”，毕业生就此会开启一段新生活，当你读完这本书，你也将开始做一件令人兴奋的事情——实践新方法！你不是唯一一个企图回避冲突和谈判的人，你并不孤单。你是独一无二的，在你的人生中，你会遇到并解决自己的难题。你可以通过将新的想法付诸实践来增强自信，这些想法可以提高你在解决冲突时的掌控力，增强你的觉察力，并帮助你保持沉着。

将其付诸实践，相信你离成功也不远了！

附录

帮助你解决冲突的12种工具

工具1 定义利害关系

定义你的熔炉
考虑你最在乎什么，以及你的目标是什么
实现物质目标： 按重要性排序，我的具体目标是什么？ （财务、后勤、法律等）
积累社交资本： 我想和他人建立什么样的关系？我想培养什么样的声誉？
进行情绪管理： 对我来说，避免感受到负面情绪有多重要？我最容易产生哪种负面情绪？（参见“保持沉着”中的工具）
定义成功
对你来说，成功是什么样子的？完成下面的话： “如果……那就意味着我成功地完成了这次谈判。”
如果你是代表他人谈判，那么你也要完成这样的声明：“如果……考虑到我们的利益和不达成协议的后果，那么我的团队会认为我们成功了。”

工具2 谈判准备模板

无效谈判的结果	如果没有达成协议，那么双方会发生什么？我们每个人都有什么选择？这些选择有怎样的吸引力？双方都面临什么风险？
利益	我们的目标和关注点是什么？其中，哪些是最重要的？
问题	我们想问他们什么？例如：什么对你很重要？为什么？还有什么是重要的？比起问题A和问题B，问题C有多重要？他们会问我们什么？我们将如何回应？
争论点	有哪些问题是可以协商的？我们如何将潜在的争论点分解成小的论点，即把它们分级？
一整套解决方案	哪些解决方案（每个问题中都有一个选项）对我们来说更好，而且可能对他们来说也足够好？我们如何利用对我们每个人来说都最重要的差异呢？
愿望和局限	考虑到我们的人际关系目标，我们最初会提出什么样的建议？在什么情况下，这笔交易会减少吸引力，并让我们想要终止它？
讨论	考虑到他们的利益和无效谈判的结果，哪些论点能最有效地支持我们的提议？什么基准、标准、原则或先例可能对他们最有吸引力？他们会提出什么论点？
交易和让步	我们能给出什么？我们会要求什么作为回报？双方的谈判协议的最佳备选方案会如何影响我们的灵活性？谈判的时间或机会会如何影响我们的灵活性？

工具3 谈判流程图

你已经在第3章中看到了这个流程图了，但我也把它放在这里，所以当你使用其他工具时，它就在手边。当你看地图时，问问你自己：

“我最有可能被困在哪里？”（我的对手会说什么或做什么让我偏离轨道？）

“在那个时候，我能做些什么？”（它听起来是什么样的？）

谈判流程图

→→→→→→→→解决方案→→→→→→→→				
确立	探讨	创造	决定	总结
共同的机会、问题或决定	对现有建议的反应	能产生收益或弥补差异的选项	理由（为什么公平？）	记录已达成一致的内容
需要讨论的关键问题	利益和优先事项	一整套解决方案	结束交易、让步	定义措施和里程碑
议程：会议目标、时间安排、限制条件	灵活性领域（如果我……好吗？）	有条件的承诺	如果陷入僵局，我们是否终止或妥协？要引入第三方吗？	通知受该决定影响的其他人

续表

→→→→→→→→解决方案→→→→→→→→				
确立	探讨	创造	决定	总结
谁可以批准或否决我们的研究结果?	新问题（添加，分级）			下次我们如何做得更好?

说明：多听，而非多说；监控时间和议程；以诚待人。

工具4 避免认知陷阱的检查清单

为避免虚假共识和过度自信的陷阱
进行事前检验
考虑到相反的情况：你能给对方的观点或建议提出的最有力的理由是什么?
回想一下自己没有那么强大的时候
咨询顾问
为避免固定馅饼偏差，寻找……间的差异
利益（双方的）
优先事项（将双方问题的优先级进行比较）
对未来的信念
能力或资源
时间范围
风险偏好
对方可能会给出什么提案?

续表

为避免反应性贬值的陷阱
如果它来自你尊敬的人（第三方）而不是对方， 那么你会有什么感想？
对方的提议对你有好处吗？
你如何改进它，而不是反对它？
为避免你成为基本归因偏误的牺牲品，问自己：
我如何理解对方的行为、陈述或要求，即他们的利益和他们在这种情况下所面临的约束？
为什么我的对手会表现得像个混蛋？他们强硬的策略以前起过作用；他们有很好的谈判协议的最佳备选方案；这种行为能得到奖励；他们承受着达到目标的压力；他们心情不好；他们需要给人留下深刻印象……
无助感或悲观情绪的预防针
进行成功性预演：想象一下最好的结果， 以及它是怎么发生的
回想一下自己很强大的时候
寻求支持
请记住，权力有很多来源： ○一个得体的解决方案 ○一个强有力的先例、典型或原则 ○相关领域的专家 ○公平或透明的过程 ○影响你的对手的声誉或未来交易的能力 ○清晰：这些问题能让你的关注点和任务更加明确 ○演练 ○积极的情绪和心态

工具5 基于气质做计划

如果你在神经质上得分高（更容易产生消极情绪），那么请你记住这些强有力的举措：

○ 与你的性格倾向做朋友，它们只是想帮助你。

○ 重新解读消极的感受（例如，把焦虑解释为兴奋）。

○ 招募朋友和盟友。

○ 和自己结盟（积极的自我对话）。

其他4个人格特质与保持沉着没有直接联系，但请记住，高外向性或宜人性可能会让你更快地做出让步或接受第一个提议。请关注“提高掌控力”中的工具，以确保你已经为谈判做好了充分的准备。

工具6 身体和环境扫描

身体	环境
睡眠不足?	气味：这个房间或地点的气味很难闻吗?
疼痛?	噪音：是否有烦人或分散注意力的噪音?
饥饿?	时间：是不是很久没休息或很久没吃东西了?
情绪压力?	天气：天气不好吗?
尝试去……	在会议上……
获得足够的睡眠	使用舒展的姿势
在会议前吃点东西（但不要摄入太多的糖或咖啡因）	采取积极的面部表情（以提升情绪）
通过运动来释放紧张感	如果可能的话提供食物
	休息

工具7 元情绪倾向练习

为了更好地理解你对自己感受的感受和态度，请阅读下面关于积极情绪和消极情绪的列表。

1.当你进行谈判时，你最有可能感觉到哪些情绪？（在旁边打个钩。）

2.哪些感觉最让你感到不舒服？（把它们圈起来。）

3.看着这些圈起来和打钩的内容，问问自己："在谈判过程中，我该如何处理这些情绪？"

积极情绪	消极情绪
钦佩 兴奋 吸引力 沾沾自喜 满足 希望 快乐 爱 骄傲 宽慰 解脱	愤怒 鄙视 失望 厌恶 嫉妒 恐惧 内疚 讨厌 遗憾 后悔 怨恨 悲伤 羞愧 担心

工具 8　识别情绪诱因

找出你认为可能会在谈判中遇到的威胁、批评和要求，并分析为什么这些会困扰你。

"我担心别人会说什么（如果有关联的话，那么他们的语气带着怎样的情绪）？为什么这会困扰我？这似乎在传达什么？"

例如，你担心别人说你"疯了"。当你想到这个场景的时候，这让你很困扰，它会使你偏离目标，并且让你觉得对方想要挑起一场战争。或者你可能担心有人会模仿你，这意味着你没有受到尊重。

简单地对情绪诱因进行命名，并将它们纳入考虑范围，可以帮助你应对这些情况。不过，为了帮助自己化解这些情绪诱因，你也应该记住以下短语：

"看起来……"

"听起来好像……"

"感觉就像……"

工具9 应对策略测试

这个测试将帮助你分析自己该如何准备谈判，以及是否有其他你可以使用的策略。

当我对即将到来的谈判感到紧张或绝望时……

我会通过做其他的事情来分散自己的注意力				
几乎没有		有时		经常
1	2	3	4	5
我会做一些让自己感觉更好的事情，比如吃、喝、锻炼、看喜剧等				
几乎没有		有时		经常
1	2	3	4	5
我会通过冥想、渐进式肌肉放松或腹式呼吸练习让自己平静下来				
几乎没有		有时		经常
1	2	3	4	5
我会向朋友发泄，或者写下自己正在经历的事情				
几乎没有		有时		经常
1	2	3	4	5
我会自言自语，安抚自己，用不那么紧张的方式重新标记我的感受				
几乎没有		有时		经常
1	2	3	4	5

如果你得分为20分及以上，记住要平衡以问题为中心和以情绪为中心的应对策略。

如果你得分为10分及以下，请考虑平衡你的谈判准备，以及能帮助你保持积极情绪的以问题为中心的应对策略。

以问题为中心的应对策略
当你能采取行动来改变某种情况时，以下这些策略会有帮助：
分析情况并制订计划
提出抱怨或者建议开会
收集和组织信息
准备提出一个共同的问题
通过头脑风暴提供潜在的解决方案
准备好要问的问题
征求他人意见
实践
以情绪为中心的应对策略
当你不能改变任何情况时，这些策略会有帮助：
做其他事情分散你的注意力
通过冥想、逐渐放松或呼吸练习让自己平静下来
向朋友倾诉
写日记
通过锻炼来让自己感觉更好
通过食物、饮料或娱乐活动来让自己感觉更好

工具 10 识别和应对强硬策略

当对手使用以下强硬策略时，这个工具可以帮助你识别与应对。

极端提议
询问公平性
用同样夸张的提议反击
建议一个不同的过程
立场声明或要求
从利益的角度重新构架或询问
锚定
将锚放在上下文中
不同意对方并进行调整
最后通牒
分析无效谈判的结果
将僵局重新定义为一种选择
让他们改为说“也许”
忽略它
愤怒（表示违反了界限）
采取措施来确保自己感到安全
确认

续表

把情绪和问题分开
测试愤怒是真实的还是一种策略
批评和贬低
别上当
命名和重塑
蔑视
将蔑视重新定义为怀疑主义
要求对方进行抱怨
盛气凌人
重新定义他们的行为
释放信号
取得发言权
表达愤怒
和盟友一起出现
失望
保持沉默
确认并询问
威胁
说出这一策略，然后提议结束对话

工具11 检查清单

<table>
<tr><th colspan="2">为了建立合适的条件……</th></tr>
<tr><td colspan="2">不要逼迫对方：选择正确的时刻。在讨论问题之前，要先分享问题</td></tr>
<tr><td colspan="2">从建设性的对话开始：将这次对话描述成一种共同取得良好结果的方式</td></tr>
<tr><td colspan="2">一起制定基本规则</td></tr>
<tr><th>能更有效地解决问题的举措</th><th>能发现隐藏问题的举措</th></tr>
<tr><td>将利益与选择分开</td><td>倾听和确认</td></tr>
<tr><td>停下来反思</td><td>还有吗?</td></tr>
<tr><td>生成多个选项</td><td>首先道歉</td></tr>
<tr><td>缓一缓</td><td>注意螺旋式下降</td></tr>
<tr><th>让你畅所欲言的举措</th><th>预防和逃离恶性循环的举措</th></tr>
<tr><td>寻找社会资源</td><td>将冲突重新定义为人际关系的一个正常特征</td></tr>
<tr><td>定义熔炉</td><td>把批评当成抱怨</td></tr>
<tr><td>不带批评地抱怨</td><td>提供真正的道歉</td></tr>
<tr><td rowspan="2">提出一个共同面临的问题，并邀请对方来改善它</td><td>承认但不同意</td></tr>
<tr><td>采取补救措施</td></tr>
</table>

说明：补救措施包括说出自己的感觉；寻求帮助让自己平静下来；用幽默来缓解双方的紧张等。

工具 12 获得授权和批准

为了从你所代表的人那里获得明确的授权，你要：
明确权限
明确决策过程
收集信息
确定优先事项
使用“6D”框架阐明决策模式
为获得你的小组或团队的同意，你要：
提醒团队成员他们的利益和优先事项，以及双方的谈判协议的最佳备选方案
从他们的角度解释交易
解释谈判的进展
给问题和怀疑腾出空间
做好准备，以便对方提出建议

致 谢

6年前，罗伊·列维奇、马克斯·巴泽曼、贾里德·柯涵和迈克尔·惠勒就谈判时的自信这个话题向我提供了简短但重要的反馈并指明了方向。乔希·韦斯是我早期的思想伙伴。马歇尔·汉伯里、萨芭·奇尼杨和尼克·桑代夫在我的研究阶段提供了帮助。乔安娜·昌戈、丹·威尔逊、达尔·威廉斯、鲍勃·豪尔、基拉·豪尔、杰弗里·莫维乌斯和戴维·芬恩在与我长时间的对话中分享了他们的想法和他们对我的支持。我感谢他们所有人。

我非常感谢吉姆·科恩，不仅因为他的知识和洞察力，还因为他的幽默感和脆弱感。我感谢智者兼杰出的写作教练雅各芭 ·斯里克特及时的鼓励和反馈。我非常感谢杰里·克洛里和蒂姆·威尔逊在不同阶段的慷慨帮助和反馈。

感谢莫维乌斯咨询公司才华横溢的同事和合作伙伴，特别是劳伦斯· 萨斯坎德、古汉·苏布拉马尼安和戴维·费尔曼，多年来我从他们身上学到了很多东西。感谢埃伦·温加、罗布·伯克利和昂迪内·诺曼的支持。感谢建立共识研究所的同事、客户，以及我在亚洲、拉丁美洲和欧洲的同事、客户。你们都是我伟大的老师。

衷心感谢生命树传媒的玛吉·朗里克为本书提供的建议和鼓励，她对本书的用心编辑给这本书增色不少。奥德丽·麦克莱伦也仔细地编辑了我的手稿。我还要感谢帕里斯·斯彭斯- 兰和马里让·奥尔德姆。谢谢你们。

谢谢你，亲密的朋友。你知道我说的是你。

最后，感谢我的家人凯特、卢克和阿尼亚，感谢你们的爱心和耐心。我爱你们胜过一切。